领导力法则

陆禹萌——编著

中国纺织出版社有限公司　国家一级出版社
全国百佳图书出版单位

内 容 提 要

身在职场，领导力的学习不可或缺。一个好的领导不仅要有卓越的工作能力，更要有带领团队和保持士气的能力，要能带领企业发展，也能给员工提供切实有效的帮助。

本书从领导者的日常管理工作开始，为您阐述了管理学的一些基本原理，并结合各种实例，教会领导者如何将这些技巧巧妙运用到管理中，帮助领导者高效地带领团队，提升自身价值和魅力，进而实现人生的辉煌。

图书在版编目（CIP）数据

领导力法则／陆禹萌编著．--北京：中国纺织出版社有限公司，2019.11

ISBN 978-7-5180-6556-1

Ⅰ.①领… Ⅱ.①陆… Ⅲ.①领导学 Ⅳ.①C933

中国版本图书馆CIP数据核字（2019）第180570号

责任编辑：闫　星　　责任印制：储志伟

中国纺织出版社有限公司出版发行
地址：北京市朝阳区百子湾东里A407号楼　邮政编码：100124
销售电话：010—67004422　传真：010—87155801
http：//www.c-textilep.com
E-mail：faxing@c-textilep.com
中国纺织出版社天猫旗舰店
官方微博http：//weibo.com/2119887771
三河市延风印装有限公司印刷　各地新华书店经销
2019年11月第1版第1次印刷
开本：880×1230　1/32　印张：5.5
字数：120千字　定价：68.00元

凡购本书，如有缺页、倒页、脱页，由本社图书营销中心调换

前言

如果有人问员工：你愿意选择加薪还是一个更好的老板？相信大部分的员工回答都是：我们希望有一个更好的老板，而不是更高的薪水。这就是员工对领导力的认定。

什么是领导力？通用汽车副总裁马克·赫根这样描述："记住，是人使事情发生，世界上最好的计划，如果没有人去执行，那它就没有任何意义。我努力让最聪明、最有创造性的人们在我周围。我的目标是永远为那些最优秀，最有天才的人们创造他们想要的工作环境。如果你尊敬人们并且永远保持你的诺言，你将会是一个领导者，不管你在公司的位置高低。"可以说，这很好地诠释了领导力的魅力。最好的领导应该了解并关心他所领导的团队成员的社会动机，致力于创造个人对群体的认同感和依恋感，这样的领导才是成功的，才是充满智慧和力量的。

美国前国务卿基辛格曾说："领导就是要让他的人们，从他们现在的地方，带领他们去还没有去过的地方。"领导力是极具魅力的，这难以定义，卓越的领导力是既深谙心理学，又懂管理实践，同时以组织实验为依托，从而塑造出领导者的魅力。领导力所表现的不是做事的艺术，而是做人的艺术，而最后决定领导者能力的是其个人的品质和个性。

领导，并非是一种职位，而是一种权力，这可以决定团队能力，就如同一个容器，这个容器越大，越坚固，团队的能力就越

突出，相反，则毫不起眼。可以说，领导决定了其整个团队的水平。然而，在实际工作中，并非所有的领导都是合格的，不管是为人处世还是办事能力都比不上员工的领导者仍有人在。修炼成为一个合格的领导者，也并非一蹴而就的事情，若想成为合格的领导，就必须要有领导力。

  卓越的领导力并不是表面的权力，也并非领导因权力而向员工教导的过程。领导力既是权力与个人魅力的交织，又是领导品格的衍生品。换而言之，有权力的领导并不一定有高明的领导力，而有个人魅力的领导一定有高明的领导力。因为领导，就是带领着团队去他们还没有去过的地方。

目 录

第1章　认识管理，领导懂管理才会管理 …………………… 001

　　提高效率是管理的目标 ………………………………… 002
　　领导要把握管理学的基本原理 ………………………… 005
　　尊崇简单，不要把管理复杂化 ………………………… 009
　　管理需要人性化 ………………………………………… 013

第2章　目标管理，明确方向才会更有干劲 …………………… 017

　　汤普林定理：用共同的目标集合众人心力 …………… 018
　　手表定理：目标一致才更有动力 ……………………… 024
　　皮京顿定理：没有目标的工作令人懈怠 ……………… 026
　　参与效应——让员工觉得自己是企业的主人 ………… 030
　　零和游戏原理——让员工看到 ………………………… 033

第3章　自我管理，从己出发才更有说服力 …………………… 039

　　充分授权令管理更从容 ………………………………… 040
　　霍桑效应——让员工充分发泄牢骚 …………………… 043
　　首因效应——看人不能只凭初面 ……………………… 047
　　权威效应——成为员工的精神领袖 …………………… 049

001

　　　　自己人效应——广用人才，不拘泥于小团体…………053

第4章　文化管理，启迪并培养员工的心智………………057
　　　　激发员工的使命感………………………………058
　　　　取之不尽的精神财富——企业文化……………061
　　　　如何让企业更像黄埔军校………………………064
　　　　引入竞争机制，为企业注入活力………………068
　　　　统一的核心价值观引导员工……………………071

第5章　沟通管理，和谐的声音让未来更光明……………075
　　　　威尔德定理：倾听是沟通的开始………………076
　　　　管理的精髓在于高效的沟通……………………080
　　　　位差效应：平等交流是有效沟通的保证………083
　　　　乔治定理：意见互通交流………………………086
　　　　特里法则：主动承认自身错误…………………089

第6章　人才管理，奖惩晋升要合理公道…………………093
　　　　大荣法则：人才培养是企业生存的最大课题…094
　　　　苛希纳定律：每个人都在适合的岗位上………097
　　　　特雷默定律：没有无用的人才…………………100
　　　　光环效应：正确全面认识人才…………………103
　　　　蘑菇管理定律：遵循人才的成长规律…………107

第7章 团队管理，凝聚力量创出合作的辉煌 ………… 111

米格—25效应：合力往往是惊人的 ………………… 112
华盛顿合作定律：团队需要的是和谐 ………………… 115
破窗效应：修正不良行为要及时 ……………………… 119
大雁法则：精妙的合作是成功的秘籍 ………………… 123
木桶定律：取长补短，和谐发展 ……………………… 126

第8章 效率管理，高效行事创造良好业绩 …………… 131

黄金三小时法则：最好的时间段 ……………………… 132
化繁为简：简化管理，效率自然提高 ………………… 135
责任到人，每个岗位都各尽其责 ……………………… 139
提高主动性和做事效率 ………………………………… 142
80／20法则：做事抓住重点 …………………………… 146

第9章 制度管理，有完善的纪律才有预期的效益 …… 151

扇贝效应：奖罚分明，做事才高效 …………………… 152
海潮效应：用完善的薪酬待遇吸引人 ………………… 155
公平原则：让下属对未来更有信心 …………………… 158
制度是实现高效管理的保障 …………………………… 161
热炉法则：制胜要有严谨的纪律 ……………………… 164

参考文献 ……………………………………………………… 168

第1章
认识管理，领导懂管理才会管理

从古至今，没有人能脱离组织而单独生存。随着社会分工的逐渐细化，更证明了单打独斗不可能取得成功的道理。然而，仅仅有了组织还不够，没有管理的组织就如同一盘散沙，不能进行正常、有效的活动。被称为"现代管理学之父"的彼得·德鲁克曾提出过一个观点：20世纪对于人类而言，推动世界进步最大的因素不是自然科学领域的成就，而是管理学的出现。管理是20世纪推动人类社会进步的最大因素，管理改变世界。在认识到管理的重要性之后，任何一个领导者都应该把学习管理当成日常功课之一。

 领导力法则

提高效率是管理的目标

不可否认,自古以来,人类社会的进步包括经济发展的不竭动力之一,就是生产效率的不断提高。而作为现代企业的管理者,都知道管理是社会组织中,为了实现预期的目标,以人为中心进行的协调活动。而这里的预期目标,从本质上说就是提高效率。在管理的过程中,无论是制订、执行、检查还是改进,其最终的目的也是提高效率,提升企业的利益空间。也就是说,管理是企业经营永恒的主题,效率是管理的第一要素。

事实上,管理和效率一直都是以孪生兄弟出现在管理者的字典里,管理和效率密不可分。管理理论的形成先后经过古典管理理论、行为科学理论、现代管理理论和当代管理理论等阶段。在每一个阶段,管理大师们为应对当时的管理问题提出了不同的解决方案,但是仔细思考一下,各种理论都是以提高效率为终极目标的。

曾经有这样一个"搬运生铁块试验":

1898年,科学管理理论的主要代表人物弗雷德里克·泰勒在伯利恒钢铁公司进行了此项试验,得出的结论是:管理的核心就是通过管理方法来提高效率。

在这个钢铁工厂里,有一批临时工,他们的主要工作就是

第1章 认识管理，领导懂管理才会管理

搬运原材料，每天搬运的铁块重量有12～13吨，每天的工资是1.15美元，这在当时也是标准工资。如果员工做得不好，那么，就有可能被开除，对于那些表现较好的工人，则有可能被选拔为车间等级工，工资也会相应提升。

后来，泰勒对这些工人的生产效率产生了极大的兴趣，于是，他开始观察、研究这75名工人。他通过变化各种工作因素，来观察他们对生产效率的影响。例如，有时工人弯腰搬运，有时又直腰搬运；后来他又观察了工人行走的速度，持握的位置和其他的变量。

通过长时间的观察试验，他得出结论：只要把劳动时间和休息时间很好地搭配起来，并减少不必要的动作，可以使工人每天的工作量提高到47吨，同时工人并不会感到太疲劳。于是他挑选了一个叫施密特的工人来检验自己所得出的结论。他要求这个工人按照新的要求工作，每天给他1.85美元的报酬。结果，施密特第一天很早就搬完了47.5吨，拿到了1.85美元的工资。于是其他工人也渐渐按照这种方法来搬运了。

这里，泰勒是怎么使每个工人的工作效率提高三倍的？这是因为他首先对这一问题产生了兴趣，然后对搬运过程进行了分析，从而得出了结论，只要把劳动时间和休息时间很好地配置起来，并减少不必要的动作就能提高工人的效率。于是，他帮助工人改进操作方法，最终使每个工人的工作效率提高了近3倍。

其实，如果我们能换个角度看管理，比如，从效率的角度来看，那么，管理就是一个投入收益的过程。这个过程需要管

理者先根据计划和决策,将人力、财力、物力等资源都投入到企业的生产经营中,当然,也包括服务,然后经过管理主体和管理客体的相互作用和创造,产生出一定的收益。

不难理解,企业效率的实现一般来自于两个方面,即收益和投入。简单地说,我们可以用公式表达:效率=收益/投入。从这个公式我们可以看出,对于企业来说,如果投入不变,那么,收益越高,效率就越高;反过来,如果企业的投入,也就是企业的劳动、原材料和管理费用等相对减少,那么,企业的收益也会增加。如果达不到这一点,那么,企业只能通过不断扩大生产规模来增加利润,而此时,效率已经没有任何意义了。效率的提高,实际上就是相对投入的降低。因此,相对投入的减少成为组织最为关心的问题。

任何一种管理理论或技术革命,无一例外是为了达到相对投入减少的目的。相对投入的减少有两种途径:一是在一定的投入下收益的增加;二是在一定收益上投入的减少。而收益的增加,归根结底,也就是为了减少相对投入,或者说降低成本。

那么,具体来说,我们该如何通过管理(减少相对投入)来提高效率呢?主要有两个方面:

1.提高人的效率

实际上,管理工作做的就是人的工作,任何组织和企业,人都是生产力中最主要、最能动、最积极的因素。如果管理者能充分做好对人的管理工作,并调动人的积极性,那么,效率提高就顺理成章了。

第1章 认识管理，领导懂管理才会管理

这里，管理者提高人的效率，并不是对员工实施放任自流的管理方法，如此，管理也就没有存在的意义了。要保证员工的积极性，管理者除了实施人性化管理外，还需要明确个人责任，通过建立工作制度和法规来保证。只有这样，才能使整个组织有机而协调地运转。

2.提高物的效率

物是相对于人而言的，从狭义上来说，它指的是管理中的物质生产资料。而实际上，它是指在管理系统中除人之外的那些作为管理对象的一切物质成分，包括资金、物资设备和物质设施等。

任何管理者都深知一个道理，企图通过高消耗来为企业赢得发展机会是不可能实现的，也是不明智的管理方法。而反过来，通过降低生产成本和管理成本才是正确的途径。科学地管理和合理地使用资源将会最大限度地提高效益。

领导要把握管理学的基本原理

任何一门学问都有其知识体系，管理亦是如此。任何一个致力于管理的领导者，都应该掌握管理学的基本原理，这有利于找到管理活动的侧重点，以便更好地开展管理活动。然而，目前，还没有一套公认的完整的管理学原理体系。不少专家认为，管理学的基本原理主要包括以下几点：

1. 人本原理

所谓人本原理，顾名思义，就是强调管理活动要以人为本，其基本含义是，任何组织和系统的管理，必须以人为中心，注重人的思想、感情和需求，以激发人的主动性和创造性为根本，以调动人的积极性为主要目的。

为什么要强调以人为本？这是因为：人是管理活动中最为重要的因素，它发挥着其他因素不可替代的作用。管理活动中的主客体都是人，离开人，管理活动也就不复存在，甚至可以说，一切社会活动都是通过人来进行的。

因此，如何创造良好的社会环境和管理环境，充分发挥人的主观能动性，是一个组织管理者的重要任务。管理者只要做好人的思想工作，注重激励，就能极大地调动员工的积极性和创造性。

2. 系统原理

众所周知，世界上的任何事物，都不是独立存在并且发生作用的，同样，作为社会子系统的企业，也是如此，它们也是处于一定的系统之中的。因此，企业管理的系统原理也就应运而生。

任何的系统都有其一定的功能和特征，系统的特征是由系统的结构和功能决定的，而系统功能则是各要素发挥作用的结果，要素则是通过一定的结构表现出其作用或相互作用的。当然，这些要素、结构、功能都是不同的。而对于企业管理系统而言，呈现出来的系统特点则是开放的、人造的、动态的。

3.信息反馈与控制原理

管理活动是由管理主客体共同作用的，存在管理者与被管理者，因此，管理的实质也就体现出来了——控制，与此同时，人的因素是主观的，面对控制，就必然有反馈。

反馈是控制论的一个极其重要的概念。反馈就是由控制系统把信息输送出去，又把其作用结果返送回来，并对信息的再输出发生影响，起到控制的作用，以达到预期的目的。原因产生结果，结果又构成新的原因、新的结果……反馈在原因和结果之间起到了桥梁的作用。

实质上，这种相互作用的因果关系，并不是各有目的，而都是为了完成一个共同的目标。要知道，客观实际是不断变化的，控制活动也就有了很大的变动性，此时，管理活动是否有效，很大程度上取决于反馈是否灵敏、准确和有力。这就是现代管理的反馈原理。

现代化管理中，运用反馈原理，可以显著改善企业管理系统的功能，提高企业效率，增强企业内部的凝聚力、驱动力和竞争力，促进企业良性循环。

4.效益原理

任何管理活动都是有目的的，而效益原理正是体现了这一点，效益原理指组织的各项管理活动都要以实现有效性、追求高效益作为目标的一项管理原理。

从管理的这一具体因素来看，管理的目标就是追求高效益。有效地发挥管理功能，能够使企业的资源得到充分的利

用，带来企业的高效益。反之，落后的管理就会造成资源的损失和浪费，降低企业活动的效率，影响企业的效益。不过影响企业效益的因素是多方面的，如科学技术水平、员工素质、成果效用、管理水平、资源消耗和占用的合理性等。

管理者在实际工作中运用效益原理，应做到以下四点：

（1）讲求实效，一些管理工作不能只是纸上谈兵，而没有结果；

（2）既要从整体出发，关注全局利益，也要从细处着眼，争取二者的最佳结合；

（3）社会效益与经济效益两手都要抓，前者是前提，后者是根本；

（4）管理工作要有计划性，要善于把长远目标与当前任务相结合，增强工作的预见性、计划性，减少盲目性、随意性，达到事半功倍的效果。

5.责任原理

责任管理过程就是追求责、权、利统一的过程。因此，我们不难看出责任原理所研究的问题，那就是，管理中责、权、利三者之间的关系、责任对实现管理目的的影响以及实现责任原理要求的途径。

追求效益是管理的最主要目的。要实现这个目的就必须开发人的潜能，但开发人的潜能，还必须明确责任，因此，在合理分工的基础上明确规定每个部门和个人必须完成的工作任务并承担相应的责任就显得尤为重要。

第1章 认识管理，领导懂管理才会管理

（1）职责。职责是应分摊到特定职位的每个人身上的，这对于组织和个人来说是一种约束力，这个问题似乎很抽象，但实际上它是对数量、质量、时间、效益等方面对组织及组织成员行为规范的严格规定。明确责任的方式主要有制度、条例、合同等。职责是在合理分工的基础上确定的，因此，分工明确，职责才会明确。

（2）权限。权限是管理者授予被管理者的权力，这也是为了完成工作任务。管理活动本身就是对人力、财力、物力等资源的配置，而只有借助权力才能实现这一配置的合理化。

（3）能力。管理能力是由科学知识、组织才能和实践经验三者构成的。科学知识主要指管理者实行有效管理所需要的诸如社会、经济、心理学等基本知识和诸如生产、技术管理方面的业务知识。组织才能是指以处理人际关系为核心的对人、财、物关系的协调能力。实践经验主要是指以管理实践为主的实践经验。

尊崇简单，不要把管理复杂化

现代社会，无论是工厂、学校还是企业、军队等，都离不开管理，没有管理，这些组织就如同一盘散沙。可以说，管理是伴随着人类社会的产生而产生、发展而发展的，贯穿着人类社会的各个阶段。那么，到底什么是管理呢？关于管理的具体定义，众说纷纭，而根据国内外管理学家们的研究成果，我们认为，管理就是在一定的社会环境条件下，管理者为了实现既定目标，借助于计划、组织、指挥、协调、控制等职能，对所属组织中的人、财、物、时间、信息等要素进行合乎目的的有机结合的一种活动。可能很多人认为，管理是相当复杂和高深的事情，实则不然，管理已经成为现代社会任何组织生存和发展必须学习的功课。因此，作为领导者，应该本着崇尚简单的宗旨从事管理工作，而不要把管理复杂化。

我们先来看看下面这个故事：

黑熊和棕熊喜食蜂蜜，都以养蜂为生。它们各有一个蜂箱，养着同样多的蜜蜂。有一天，它们决定比赛看谁的蜜蜂产的蜜多。

黑熊想，蜜的产量取决于蜜蜂每天对花的"访问量"。于是它买来了一套昂贵的测量蜜蜂访问量的绩效管理系统。在它看来，蜜蜂所接触的花的数量就是其工作量。每过完一个季度，黑熊就公布每只蜜蜂的工作量；同时，黑熊还设立了奖项，奖励访问量最多的蜜蜂。但它从不告诉蜜蜂们它是在与棕熊比赛，它只是让它的蜜蜂比赛访问量。

棕熊与黑熊想得不一样。它认为蜜蜂能产多少蜜，关键在于它们每天采回多少花蜜——花蜜越多，酿的蜂蜜就越多。于是它直截了当告诉众蜜蜂：它在和黑熊比赛看谁产的蜜多。它花了很少的钱买了一套绩效管理系统，测量每只蜜蜂每天采回花蜜的数量和整个蜂箱每天酿出蜂蜜的数量，并把测量结果张

第1章 认识管理，领导懂管理才会管理

榜公布。它也设立了一套奖励制度，重奖当月采花蜜最多的蜜蜂。如果本月的蜜蜂总产量高于上个月，那么所有蜜蜂都受到不同程度的奖励。一年过去了，两只熊查看比赛结果，黑熊的蜂蜜不及棕熊的一半。

为什么棕熊比黑熊采的蜜多出一半呢？这是因为它们看问题的着眼点不同。棕熊认为，它认为蜜蜂能产多少蜜，关键在于它们每天采回多少花蜜，这样看，虽然简单，但却找到了问题的关键所在，因为它不限于奖励一只蜜蜂，为了采集到更多的花蜜，蜜蜂相互合作，嗅觉灵敏、飞得快的蜜蜂负责打探哪儿的花最多最好，然后回来告诉力气大的蜜蜂一齐到那儿去采集花蜜，剩下的蜜蜂负责贮存采回的花蜜，将其酿成蜂蜜。虽然采集花蜜多的能得到最多的奖励，但其他蜜蜂也能得到部分好处，因此蜜蜂之间远不到人人自危相互拆台的程度。

而对于黑熊来说，表面上看，它的评估体系虽很精确，但它评估的绩效与最终的绩效并不直接相关。黑熊的蜜蜂为尽可能提高访问量，都不采太多的花蜜，因为采的花蜜越多，飞起来就越慢，每天的访问量就越少。

那么，黑熊为什么会判断失误呢？原因很简单，因为它缺少对蜜蜂的正确管理，只奖励访问量最多的蜜蜂，很容易导致众蜜蜂之间的恶性竞争。而棕熊的蜜蜂则不一样。

由以上案例，我们得出一个启示，作为管理者，一定要认识到，管理实际上并不是一件复杂的事情，找准问题的关键，使用最简单的方法，就能达到最佳的管理效果。

那么，在管理中，哪些是这些问题的关键点呢？

1. 管理主体

管理的主体就是指管理者。在一个组织和企业中，那些由若干组首脑和负责人组成的群体，就是管理者阶层。在管理工作中，管理主体的管理能力、综合素质、经验等方面都直接影响到管理工作的成效以及整个组织的工作效率。

2. 管理客体

管理的客体是相对于管理主体而言的，就是指管理对象。它是管理者施加影响并产生作用的人和事。因此，现代管理理论则认为，管理的对象不仅包括人，还包括财、物、信息、时间四个方面。

3. 管理手段

管理的手段也就是指管理职能。管理职能是对管理行为的理论抽象，是管理者对管理对象发生作用和影响的手段，其目的是研究管理过程的规律性提供手段，也为概括和总结管理的理论、原则和方法等管理知识提供框架。

管理的职能一般划分为四类：计划、组织、领导和控制。

4. 管理目标

所谓的管理目标，也就是管理工作要达到的预期目标。而管理目标的错误甚至不准确都可能给企业或组织造成巨大的损失。

5. 管理环境

任何管理工作都不可能脱离一定的环境而单独运行，它直接或间接地受到一些外界因素的影响，这些因素主要包括经济

第1章 认识管理，领导懂管理才会管理

环境、技术环境、社会文化环境、政治环境和自然环境。

管理就是通过这五个要素的相互影响从而发挥其作用。管理现在已经渗透政治、经济、文化等社会活动的各个领域，并产生了重要的影响。

管理需要人性化

从古至今，任何人都不能脱离团体、组织而单独存在。没有组织，仅凭个体的力量，无法征服自然，也不可能有所成就；没有组织，也就没有今天的发展与繁荣。然而，仅仅有了组织还不够，因为人类社会中存在组织就必然有人群的活动，有人群的活动就有管理，有了管理，组织才能进行正常、有效的活动。因此，我们可以肯定，人类的进步离不开管理，任何组织的进步都离不开管理。然而，管理的对象是人，只有建立在人性化基础上的管理才是有效用的。

在中国沿海地区，有很多科技应用型企业，A公司就是其中一个。公司创办时，董事会破格从公司电脑服务部聘任优秀员工肖某为公司经理。理由是：肖某在电脑应用及智能化工程实施方面的技术水平较高。肖某上任三个月，工作积极、勤奋，刻苦钻研业务。但他不知道怎么经营和管理企业，导致员工怨声载道，认为他摆官架子，公司经营几乎停滞不前，为此，他愁眉不展，不知如何是好。后来，董事会决定为其安排一位搭档。

这位新搭档一上任，就开始借鉴美国惠普公司"周游式管理办法"：鼓励部门负责人深入基层，直接接触广大职工，采用"敞开式大房间"办公室，即全体人员都在一间敞厅中办公，各部门之间只有矮屏分隔，除少量会议室、会客室外，无论哪级领导都不设单独的办公室，同时不称头衔，即使对总经理也直呼其名。这样有利于上下左右通气，创造无拘束和合作的工作气氛。

果然，几个月后，员工的工作积极性大大提高，公司业绩也呈现逐步上升的趋势。

是什么拯救了这家公司？是正确的管理方法的运用——人性化的管理。的确，单打独斗、个人英雄的闭门造车工作方式在现今社会是越来越行不通了，反而团队的分工合作方式正逐渐被各企业认同。而"敞开式大房间"这种管理模式，不仅能挖掘出员工的潜能，还能制造平等的气氛，同时也敞开了彼此合作与心灵沟通的门。

然而，什么是人性化管理呢？所谓人性化管理，就是一种在整个企业管理过程中充分注意人性要素，以充分开掘人的潜能为己任的管理模式。至于其具体内容，可以包含很多要素，如对人的尊重，充分的物质激励和精神激励，给人提供各种成长与发展机会，注重企业与个人的双赢战略，制定员工的生涯规划，等等。

那么，领导者在从事管理工作的过程中，该如何具体运用人性化的管理方法呢？一般来说，人性化管理包括以下几个

第1章 认识管理，领导懂管理才会管理

方面：

1.情感化管理

所谓情感化管理，顾名思义，就是注重员工的情感与内心世界，以激发员工的积极性和消除他们的消极情绪为核心。这是因为人们在情感上都有可塑性、倾向性和稳定性等特征。

2.民主化管理

这就需要管理者发挥民主精神，让员工多参与企业的决策工作。如果一个企业的领导者在作涉及企业的决定时，将员工的决策完全置之不理，那么，不仅伤害了员工的自尊心，还打击了他们的积极性，甚至会引起他们的强烈反感，进而影响到企业的正常运作。而如果领导者能让员工参与决策，即听取他们的意见，这样非但不会挫伤他们的自尊心，还会提高他们的士气，被征求意见的人多一些，员工的士气就会更高一些。

民主化管理就是要求领导者集思广益。任何一家企业都需要多数人的指挥，做到全员经营，否则很难取得真正的成功。要真正做到管理的民主化，还需要建立一种企业与员工的关联机制，如让员工持有一定的股份便是较好的方法之一。

3.自我管理

所谓自我管理，顾名思义，指的是"自己管理自己"，通俗地讲，也就是企业和组织的成员在遵从企业的发展战略和目标这一大前提下，自主制订计划、实施控制、实现目标。让员工实施自我管理，可以更好地激发员工的自主性，从而将其自我意志与企业意志结合起来，使每个人心情舒畅地为企业积极

奉献，自我管理可以说是民主管理的进一步发展。

4.文化管理

这里的文化，是相对于集体而言的，它指的是一整套由一定的集体共享的价值观、理想和行为准则形成的，是个人行为能为集体所接受的共同标准、规范、模式的整合。

文化管理是人性化管理的最高层次，它有三种实现形式，即企业文化培育、管理文化模式的推进，文化管理能达到使员工形成共同的价值观和共同的行为规范的目的。文化管理充分发挥文化覆盖人的心理、生理、人的现状与历史的作用，把以人为中心的管理思想全面地显示出来。

第2章

目标管理,明确方向才会更有干劲

现代社会,任何一个企业,要想立足于市场,就必须制定一个优秀的目标管理体系,而这是任何一个企业领导都必须落实的工作,也就是说,企业的领导应根据组织面临的形势和社会需要,制定出一定时期内组织经营活动所要达到的总目标,然后层层落实,要求下属各部门主管人员乃至每个员工根据上级制定的目标和保证措施,形成一个目标体系,并把目标完成情况作为考核的依据。总之,企业员工只有在明确、同意、细致的目标下,才能找到努力的目标和方向,才会为企业创造更多的业绩。

汤普林定理：用共同的目标集合众人心力

我们都听过这样一句俗语："三个臭皮匠赛过诸葛亮"，这体现的就是团队的力量，然而一个有凝聚力的团队，必定有着共同的目标，而有无共同的目标，共同目标的好坏与否，也直接影响团队的风气、精神，关于这一点，有个著名的汤普林定理，这一定理是J·汤普林在指挥英国皇家女子空军时说过的一段话：通过统一一种力量，使这种力量产生叠加升级，从而统一各个分散的力量，就必须有如磁石一样给别人一种凝聚的目标。定理告诉我们：第一，要制定整体目标，须明确共同利益；第二，组织目标必须要反映个人需求，个人需求能促进组织目标。

人与动物是不同的，人有着高级的思维能力，因此，人也就无法和动物一样浑浑噩噩地生活，人的行动必须有目标。即使有些目标最终无法实现。同样，企业管理也是如此。因此，作为团队和企业的领导者，在管理团队的过程中，只有制定一个指引方向的共同愿景，才能让员工们看到美好的希望，从而自发地朝着目标前进，才会有动力战胜各种困难。

关于这一定理，曾经有这样一个故事：

从前，有五位探险家在非洲一片茂密的丛林里探险。队长名叫马克格夫，四名队名分别是巴里、麦克里斯、约翰斯、吉

第2章 目标管理，明确方向才会更有干劲

姆。在进入丛林前，马克格夫曾答应给四名队员丰厚的工资。

在任务即将完成的时候，马克格夫不幸得了重病而长眠在丛林中。马克格夫临死前，交给四名队员一个沉甸甸的箱子。他十分诚恳地对队员们说道："我要你们向我保证，一步也不离开这个箱子。如果你们把箱子送到我朋友麦克唐纳教授手里，你们将获得比金子还要贵重的东西，你们一定能得到。埋葬了马克格夫以后，四名队员上路了。多日的跋涉使得他们疲惫不堪。他们扛着这个沉重的箱子，在茂密的丛林里跌跌跄跄地往前走，但密林的路越来越难走，箱子也越来越沉重，而他们的力气也越来越小了。他们像囚犯一样在泥潭中挣扎着。

一切都像在做噩梦，只有这个箱子是实在的，是这个箱子在支撑着他们的身躯，否则，他们全倒下了。他们互相监视着，不准任何人乱动这个箱子。在最艰难的时候，他们想到了未来的报酬是多少，当然，是有了比金子还重要的东西……

终于有一天，绿色的屏障被拉开，他们经过千辛万苦终于走出了丛林。

四个人急忙找到麦克唐纳教授，迫不急待地问起应得的报酬。

于是，当着四个人的面，教授打开了箱子。大家一看，都傻了眼，满满一堆无用的木头！

"这开的是什么玩笑？"约翰斯说。

"屁钱都不值，我早就看出那家伙有神经病！"吉姆吼道。

"比金子还贵重的报酬在哪里？我们上当了！"麦克里斯愤怒地嚷着。

 领导力法则

此刻，只有巴里一声不吭，他想起了他们刚走出的密林里，到处是探险者的白骨，而如果没有这个箱子，他们四个人或许早已葬身密林。

巴里站起来，对伙伴们大声说道：“你们不要再抱怨了。我们得到了比金子还贵重的东西，那就是生命！"

从这个故事中，我们发现马克格夫是个智者，而且是个很有责任心的人。而从管理学的角度看，他也是个有头脑的管理者，从表面上看，他所给予的只是一堆谎言和一箱木头，其实，他给了四名队员行动的目标与信念，而这些，无疑都是最珍贵的！

从这个故事中，任何一个领导者都应该有所感悟：共同目标对于团队的工作具有极大的鼓励作用。设置合理的目标将大大提升业绩。

那么，领导者该如何为员工设定工作目标呢？

1.给员工一个清晰的目标或使命

这个目标或使命通常包含在企业的使命书中，它反映了企业的远大目标。正是凭着这个目标，团队才有了一种方向感。相对于整个团队来说，小组也有明确的目标，而且小组每个成员的作用也很清晰明确。而设置这一目标，必须遵循以下原则：

（1）目标的量化、具体化。

（2）给目标设定一个清晰的时间限制，与此同时，还必须对完成任务的时间作一个合理的规定。

（3）目标的难度必须是中等的。

除了上述三个方面以外，对目标进展情况还应定期检查，

运用过程目标、表现目标以及成绩目标的组合，利用短期的目标实现长期的目标，设立团队与个人的表现目标等都有利于团队凝聚力的培育。

2.领导者本人必须充满活力

只有始终充满活力、对管理工作保持高度的热情，才能感染企业成员，并利用好各个成员的力量，从而高质量地解决管理工作中遇到的各种问题。

3.鼓励团队成员开放和真诚地沟通

管理者要鼓励团队成员通过合作发现并处理分歧、参与决策、作出重大决策向前推动工作等。

4.营造良好气氛，培养设定目标的习惯

开始时心中就怀有一个高的目标，意味着从一开始你就知道自己的目的地在哪里，以及自己现在在哪里。朝着自己的目标前进，至少可以肯定，你迈出的每一步都是方向正确的。一开始时心中就怀有最终目标会让你逐渐形成一种良好的工作方法，养成一种理性的判断法则和工作习惯。如果一开始心中就怀有最终目标，就会呈现出与众不同的眼界。有了一个高的奋斗目标，你的人生也就成功了一半。如果思想苍白、格调低下，生活质量也就趋于低劣；反之，生活则多姿多彩，尽显人生乐趣。

同样，企业的管理工作也是如此，尤其作为领导者，更要学会高瞻远瞩，站得高才能看得远，美国行为学家J·吉格勒就曾说过："设定一个高目标就等于实现了目标的一部分。"美国快餐翘楚温迪创始人——迪布·汤姆斯的成功就是一个很好的范例。

1969年，从小就喜欢吃汉堡的迪布·汤姆斯在美国俄亥俄州成立了一家汉堡餐厅，并用女儿的名字为店起了名——温迪快餐店（Wendy's）。在当时，美国的连锁快餐公司已比比皆是，麦当劳、肯德基、汉堡王等大店都已大名鼎鼎。与它们比起来，温迪快餐店只是一个名不见经传的小店而已。

迪布·汤姆斯丝毫不因为自己的店子而气馁。他从一开始就为自己制定了一个高目标，那就是赶上快餐业老大麦当劳！

虽然在20世纪80年代，他并无"下手"的机会，但有一天他终于找到了麦当劳在营销过程中的漏洞——麦当劳号称有4盎司汉堡包的肉馅，而重量从来就没超过3盎司，而正是利用这一点，他借助广告打败了麦当劳。

因此，他的目标达到了，凭借几十年的努力，温迪的营业额逐年上升，1990年达到了37亿美元，发展到拥有3200多家连锁店，在美国的市场份额也上升到了15%。直逼麦当劳坐上了美国快餐业的第三把交椅。

迪布·汤姆斯为什么能成功？可以说，他的成功正是对目标管理的成功，刚开始，他的目标就是麦当劳。我们发现，他努力的方向逐渐变得明朗，离成功也越发近了。的确，世上被称为天才的人，肯定比实际上成就天才事业的人要多得多。为什么？许多人一事无成，就是因为他们缺少雄心勃勃、排除万难、迈向成功的动力，不敢为自己制定一个高远的奋斗目标。不管一个人有多么超群的能力，如果缺少一个认定的高远目标，他将一事无成。设定一个高目标，就等于达到了目标的一部分。

第 2 章　目标管理，明确方向才会更有干劲

可以说，迪布·汤姆斯的成功不仅说明了一个远大的目标对于个人奋斗历程的重要性，更说明了一个企业能否顺利成长，能否经久不衰，也与之有密切的关系。

那么，作为企业的管理者，该如何站在高起点上，为企业量身定制一个合理的、远大的目标呢？为此，管理者需要遵循以下七个步骤：

第一步，对公司的整体目标有较清晰的理解。

第二步，制订符合SMART原则的绩效目标。

那么，什么是SMART原则呢？

（1）绩效指标必须是具体的（Specific）。

（2）绩效指标必须是可以衡量的（Measurable）。

（3）绩效指标必须是可以达到的（Attainable）。

（4）绩效指标是实实在在的，可以证明和观察（Realistic）的。

（5）绩效指标必须具有明确的截止期限（Time-based）。

其实，上述五个原则不但应该成为企业、团队制作绩效目标应遵循的原则，作为员工个人，也应该遵循，另外，五个原则缺一不可。而制定的过程也是自身能力不断提高的过程，管理者必须和员工在不断制定高绩效目标的过程中共同提高绩效能力。

第三步，检验目标是否与上述目标一致。

前三步，检查可能存在的问题，确认完成目标所需的资源。

第四步，找出实现目标所需要的授权和技能。

第五步，制定目标的时候，一定要和相关部门提前沟通。

第六步，防止目标滞留在中层不向下分解。

手表定理：目标一致才更有动力

我们都知道这样一个常识，只有一块手表，可以知道时间；拥有两块或者两块以上的手表并不能告诉一个人更准确的时间，反而会制造混乱，会让看表的人失去对准确时间的信心。关于这一点，请看下面这个故事：

森林里生活着一群猴子，每天太阳升起的时候它们外出觅食，太阳落山的时候它们回去休息，日子过得平淡而幸福。

一名游客穿越森林，把手表落在了树下的岩石上，被猴子"猛可"拾到了。聪明的"猛可"很快就弄清了手表的用途，于是，"猛可"成了整个猴群的明星，每只猴子都向"猛可"请教确切的时间，整个猴群的作息时间也由"猛可"来规划。"猛可"逐渐树立起威望，当上了猴王。

当上猴王的"猛可"认为是手表给自己带来了好运，于是它每天在森林里巡查，希望能够拾到更多的表。功夫不负有心人，"猛可"又拥有了第二块、第三块表。但"猛可"却有了新的麻烦：每块表的时间指示都不尽相同，哪一个才是确切的时间呢？"猛可"被这个问题难住了。当有下属来问时间时，"猛可"支支吾吾，整个猴群的作息时间也因此变得混乱起来。过了一段时间，猴子们起来造反，把"猛可"推下了猴王的宝座，"猛可"的收藏品也被新任猴王据为己有。但很快，新任猴王面临着和"猛可"同样的困惑。

这就是著名的"手表定律"，又称为两块手表定律、矛盾

选择定律。这一定律的深层含义在于：每个人都不能同时挑选两种不同的行为准则或者价值观念，否则他的工作和生活必将陷入混乱。

实际上，从事管理工作的领导者也应该从手表定律中获得某些直观的启发：对同一个人或同一个组织的管理不能采取两种不同的方法，不能同时设置两个不同的目标。甚至每一个人不能由两个人来指挥，否则将使这个企业或个人无所适从。它的另一层含义在于：每个人都不能同时挑选两个不同的价值观，否则，他的行为将陷入混乱。

任何一个领导者，在工作中，都避免不了要制定管理目标，这也就是领导者区别于普通员工之处。而普通人之所以为普通人，是因为他们没有计划任何事情。很多人都没有具体的目标，所以当他们没有做出成就时，他们就会辩解道他们并没有真正失败，因为他们从未设定目标。这是他们比较体面而又没有风险的做法。那么，针对这一点，领导者在管理过程中，该如何着手呢？

（1）找出正确的目标，统一管理。目标明确性，是企业发展战略的首要特征。目标明确，不仅是制定企业战略时"全局高于局部"的一般要求，更是今天的市场环境与金融危机这种特殊的形势下，对管理者的特殊要求。我们再以手表为例，如果有两块表显示时间不同，我们必须得知道哪一块表才是正确的时间，因为只能有一个是正确的，同样，在管理工作中，领导者若想使管理工作出实效，就必须制定明确的目标，不可模棱两可。

作任何决定都要当机立断,不要被左右所影响,受过多因素的干扰反而会丧失判断力,导致决策失误。在面对管理中的众多问题时,要敢于放弃一块"表",迅速作出决定。

(2)在绩效考核上,要遵循标准一致与稳定的原则,不可随意更改,否则,就会动摇"军心",让员工对企业失去信心,对管理反而产生疑惑等。

(3)管理制度要对事不对人,即一视同仁,要"制度面前人人平等"。

(4)在管理运作方面,一定要遵守"一个上级的原则"。

每一个有志于从事管理的领导者,当务之急不仅仅是制定一份"目标清单",更紧要的是遵照既定目标,永不退缩,最终实现有效地管理。

总之,任何组织与企业的目标管理,领导者都必须谨记:对同一个人或同一个组织的管理,不能同时采用两种不同的方法,不能同时设置两个不同的目标,甚至每一个人不能由两个人来同时指挥,否则一切将陷入混乱!

皮京顿定理:没有目标的工作令人懈怠

工作中,我们都有这样的感慨,如果我们无法明白地了解工作的准则和目标,那么,我们必然无法对自己的工作产生信心,也无法全神贯注,这种现象被称为皮京顿定理。这一定理

第2章 目标管理，明确方向才会更有干劲

是由美国皮京顿兄弟公司总裁阿拉斯塔·皮京顿提出的。根据这一定理，作为领导者，在管理工作中，一定要为员工设定一个明确的工作目标，并向他们提出工作挑战，会促使员工创造出更高绩效，目标会使员工产生压力，从而激励他们更加努力工作。相反，如果员工对组织的发展目标不甚了解，对自己的职责不清楚，没有明确的工作目标，必将大大降低目标对员工的激励力量。

我们先来看下面这个寓言故事：

从前，有一个小和尚，他在寺庙里的任务就是撞钟，半年过去了，小和尚还是和刚开始一样每天重复着撞钟这项工作，他觉得无聊至极。

有一天，寺庙方丈对小和尚说："从今天起，你不用撞钟了，去寺庙后院劈柴吧，我觉得这个工作不适合你。"小和尚很不服气地问："为什么？我撞的钟难道不准时？不响亮？"

方丈耐心地告诉他："钟声是要唤醒沉迷的众生，你撞的钟虽然很准时，但钟声空泛。疲软，缺乏浑厚悠远的气势，因而也就没有感召力。"小和尚没办法，只好到后院去劈柴挑水。

这里，小和尚"做一天和尚撞一天钟"固然没有起到撞钟之作用，但我们并不能将全部罪责归于小和尚一身，方丈在小和尚从事这一工作之初，并没有告诉小和尚该如何敲，要达到什么效果。如果小和尚进入寺院的当天就明白撞钟的标准和重要性，他也不会因怠工而被撤职。

027

 领导力法则

这个寓言故事告诉所有的管理者，工作标准和目标是员工工作和行为的方向盘，缺乏它们，往往导致员工失去前进和努力的方向或者导致其努力的方向与企业整体方向相背离，浪费大量的人力和物力。因为缺乏参照物，时间久了员工容易形成自满情绪，导致工作懈怠。索尼创始人盛田昭夫就是个善于为员工制定明确目标的管理者：

我们都知道，索尼公司首先研发了收音机，对此，有这样一段故事：

当井深大决定"造一部录音机"时，公司的研究开发人员都目瞪口呆，因为他们对录音带的制造、录音机的结构几乎一无所知。这听起来简直有点"荒唐"，但索尼公司的开发人员硬是把它研制出来了。

开始研发的时候，因为从来没有接触过，这些研究看似无从下手，甚至显得盲目，但这项研究和其他的盲目研究有一个本质区别，那就是后者毫无目标，而前者却是目标明确，因此只需要一步步接近目标，就不会陷于"云里雾里"的状态。盛田昭夫在开发家用录、放像机时也是如此：先给自己的研发人员制定清晰目标，然后引导他们进行开发。

这些研发人员把基础物理、基础化学等基础科学和应用物理、应用化学等具体知识糅合在一起，由基础研究过渡到应用研究，从每一个部件着手，潜心研究，细致开发，最后终于取得成功。

后来，当美国几家主要的电视台开始使用录像机录制节目

时，索尼公司就看好这项新产品，预测它完全可以打入市场，走进千家万户，只要从内部结构和外观设计上加以改良，就会深受大众的欢迎。

于是，索尼公司的开发人员又有了新的奋斗目标。他们先研究现有的美国产品，认为既笨重又昂贵，认定这是通过研究开发加以改进的具体主攻方向。新的试验样机就这样被一台接一台造出来，一台比一台更轻盈、小巧，离目标也越来越贴近。当然感觉上，井深大总是觉得没到位。最后，井深大拿出一本厚厚的书，放到桌上，对开发人员说，这就是卡式录像带的大小厚薄，但录制时间应该在一小时以上。

这样，目标已经非常具体了。开发人员再一次运用了所掌握的基础知识，结合应用科学，发挥自己的聪明才智，进一步开发自己的创造力，终于成功研制出了一种划时代的录、放像机。

那么，作为管理者，在为员工制定工作目标的时候，应该注意哪些呢？

1. 目标的稳定性

不是每个下属都能准确领悟领导的意图，也并不是每个下属都能自发地完成工作，因此，领导就必须充当发令者的角色，但领导者必须保证指令的明确性和相对稳定性，才能使下级正确理解领导的意图，并且制订出详细的计划以完成任务。

2. 目标要源于实际

盛田昭夫强调："企业领导者必须不断给工程师制定目标，这是作为领导者的首要任务。而制订的目标必须具备三重属性,即科学性、实用性、超前性,这样才能走在对手的前面,立于不败之地。不然,一旦目标不切实际,就会损失惨重,不但'劳民伤财',还挫伤开发人员的积极性。"因此,目标的制定不能是空中楼阁、脱离实际的,它必须源于实际,符合开发研究的范围,并有一定的成功把握。

参与效应——让员工觉得自己是企业的主人

现代企业管理工作中,一些主张人性化管理的管理者,对"参与效应"这一词语并不陌生,所谓参与效应,就是参与管理,就是指在不同程度上让员工和下属参加组织的决策过程及各级管理工作,让下级和员工与企业的高层管理者处于平等的地位研究和讨论组织中的重大问题。他们能够感受到上级主管的信任,从而体验自己的利益与组织发展密切相关而产生强烈的责任感。

我们知道,任何人都有被肯定和赞许的愿望,20世纪50年代末,麦格雷戈等人提出了"自动人"的人性假设,并结合管理问题,概括为理论。这种理论认为人有自我实现的需要,人的才能和潜力只有充分地发挥出来,人才能感受到最大的满足。麦格雷戈认为,在适当的条件下采取参与式的管理,鼓励人们把创造力投向组织的目标,使人们在与自己相关的事务决策上享有一定的发言权,为满足他们的社会需要和自我实现需要提供了机会。

关于这一理论，我们先来看看下面这个管理故事：

1980年，受日本汽车的冲击，福特公司遭受了34年来的第一次亏损。从1980年至1982年，短短三年亏损总额竟达到了33亿美元。与此同时，福特公司内部工人的不满情绪与日俱增，举行了多次罢工。福特公司陷入了严重的危机。

从1982年开始，福特公司实行"全员参与决策制度"，鼓励员工参与公司事务的管理，从而改变了公司管理者与员工的对立关系，福特公司从此出现了转机。

福特公司的"全员参与制度"的主要内容是：将所有能够下放到基层管理的权限全部下放，对职工抱以信任态度并不断征求他们的意见；另一项重要措施，就是向员工公开账目，每位员工都可以就账目问题向管理层提出质疑，并有权获得合理解释。

福特公司是怎么摆脱危机的？答案是进行了一次翻天覆地的改革！通过改革，缓和了劳资间势不两立的矛盾关系，激发了员工的参与意识。员工的独立性和自主性得到了尊重与发挥，积极性也随之高涨，从而提高了工作效率。

19世纪末、20世纪初以"科学管理之父"——泰罗为代表的管理大师们创建了系统的科学管理理论。这一管理对象小到工人们从事生产工作的每一个动作，大到整个生产线的组建，令人振奋的是，这一科学管理理论使得工人们的生产效率空前提高，至今，它还被应用于各个生产领域，但这一管理理论难免存在缺陷，在这一指导思想中，工人们被等同于生产工具和生产设备，因而忽视了人的主观能动性，制约了员工的创造力，其结果必定影响企业的发展。

实际上，我们每个人都有一种强烈的参与意识，只要是与自己有关的事情，都有一种"想要了解更深"和"想参与其中"的欲望，因此，一旦管理者采取参与管理的管理模式，那么，就能激发员工产生主人公意识，对工作绩效和企业发展就会自主自发地产生一种关心心理，并以实际行动维护企业的生存和发展。

那么，企业管理者该如何实行这一效应呢？

1.让员工参与管理者的绩效考核

很多企业，在考核管理人员上，基本都是由上司或者公司高层决定的。但实际上，这并不是最好的方法。因为，对于管理人员了解最多的，往往是那些员工和下属。下属对上司的评价也是一种很有价值的考核指标。正因为此，公司领导者可以实行让员工参与管理者的绩效考核制度，这样，不仅仅是上司说了算，下属对上司的评价也是重要的考核依据。

这样的考评方法，可以让公司的制度透明化、公平化，让员工得到重视，让他们觉得这是自己的公司、自己的事情，所以会越来越努力工作。

2.实行员工股份制

目前员工股份所有制在很多大型企业中应用的比较广泛，而且这是与员工的收益直接挂钩的，这是指员工拥有所在公司的一定数额的股份，使员工一方面将自己的利益与公司的利益联系在一起，可以使员工产生一种主人翁的感受。

员工股份所有制方案能够提高员工工作的满意度，提高工作激励水平。员工除了具有公司的股份外，还需要定期被告知公司的经营状况并拥有对公司的经营施加影响的机会。当具备了这些条件后，员工对工作会更加满意。

3.营造良好的沟通氛围

营造良好的沟通氛围就是要让各成员敢于表达、愿意表达、能够表达自己的思想，以便集思广益。当然，营造良好的沟通氛围应注意成员之间相互信任、相互尊重彼此的想法、把交流的中心集中在任务上，为了让成员打开思路，可以对其发言进行追问，不要急于评定其想法的优劣，另外，也可考虑延迟评价。

当然，参与效应为管理者提供的远不止以上几种管理方法，这需要领导者在管理工作中，针对具体的情况采取不同的措施。但不管怎样，只要员工感受到了成就感，那么，激励作用由此产生！当员工产生了主人翁的感觉时，他们就会发挥出自己最大的潜能，心甘情愿地为企业效力。

零和游戏原理——让员工看到

工作成果，实现"双赢"我们都知道，一项游戏中，游戏者有输有赢，一方所赢正是另一方所输，游戏的总成绩永远为零。就如韩乔生解说足球比赛时所说的："统计数字显示，到目前为止，进球数目居然和失球数目惊人的相同。"有一个进球自然就有一个失球，总数当然始终是零。这就是零和游戏原理。也就是说，自己的幸福是建立在他人的痛苦之上的，二者的大小完全相等，因而双方都想尽办法以实现"损人利己"。零和博弈的结果是一方吃掉另一方，一方的所得正是另一方的所失，整个社会的利益并不会因此而增加一分。

20世纪，人类经历了两次世界大战，经济高速增长，科技进步、全球趋于一体化，"零和游戏"观念正逐渐被"双赢"观念所取代。人们开始认识到"利己"不一定要建立在"损人"的基础上，通过有效合作，皆大欢喜的结局是可能出现的。

其实，在企业的管理工作中，也可以从"零和游戏"走向"双赢"，但前提是领导者要让员工看到自己的工作成果，让员工强烈地感觉到工作的意义，进而产生一种积极向上的工作热情。

曾经有位心理学家，做了这样一个实验，他的目的就是证实工作成果对员工工作效率的影响。这天，他雇来一名砍伐工人，他先给这位工人一把锋利的斧头，让他砍树，结果那名伐木工干得又快又好。

后来，心理学家又让工人用斧头的背来砍一根木头，心理学家告诉伐木工人，干活的时间照旧，但报酬加倍，他唯一的任务就是用斧头背砍圆木。半天之后，伐木工人扔掉斧头，说："我要看到木片飞出来。"

谁不希望看到"飞出的木片"呢?

这里，我们可以把"飞出的木片"看成是一种工作成效。实际上，这也是工作中每位下属证实自我价值的直接体现，亦可理解为每项工作的外在有效价值，是劳动的最直接的成果。

所以，看到自己的工作成果，正是每位下属工作的意义所在。任何没有成果或者成果甚微的工作，都只是一种机械的重复，这对于企业和个人，都是一种价值的湮灭。

现代社会，很多企业内部员工缺乏工作热情，他们每天都在单纯地重复那些工作，工作毫无成效，长此以往，除了每月按时发放的薪水可以燃起他们的激情外，他们已经找不到工作的意义是什么。其实，这一工作状态是极具杀伤力的，它可将一个人的工作积极性和原动力降至零，抑或最终使其"无所为而不为"。

实际上，每一个领导者，都应该让员工及时看到自己的工作成果，帮助他们找回工作的热情，让原本枯燥无意义的工作变得有吸引力。这对于无论是对企业还是个人，都是一项双赢的工作。

上海有一家大型的外企，有一次，筹备一个非常重要的研究项目。这个项目的主管名叫易来尔，但手里还有其他工作的易来尔只好把这项工作交给了他的得力助手玛利亚。

玛利亚是一名有能力的员工，很受易来尔的重视。易来尔告诉玛利亚，这项研究需要5个月的时间。如果这项任务完成得很好，那么公司将在完成任务之际给她升职。在此期间，易来尔密切关注玛利亚的工作进度。一切如他所愿，没有出现任何问题。

然而，让他纳闷的是，3个月后，当这个项目干到一半时，玛利亚请示易来尔："易来尔，我觉得自己的工作太没有意义了，我根本看不到自己的任何成果，我没有把握做好它，所以我决定不做了。"

这让易来尔非常吃惊，他不明白最棒的员工为什么会这样"糊涂"，竟然推掉一项在她能力之内的工作。在易来尔的追问下，玛利亚道出了自己的真实想法："你将这项有挑战性的工作交给我，给我晋升的机会我很感激。但是我已经工作3个月了，却看不到任何的成果。我不知道我到底做得怎么样，不知道我的工作进度是很棒还是尚能接受……这么长时间，我一直处于不确定的状态中。我本来打算彻底完成这项工作，但我无法忍受这其中的压力，我只能作出改变了。对不起！让你失望了。"

这一案例中的主人公玛利亚为什么要放弃一个人人羡慕的晋升机会呢？因为她看不到自己的工作成果，一股无形的压力逼迫她不得不放弃。

的确，现实工作中，如果一个人遇到了这种情况，那么，他就无法从工作中获得一种成就感、喜悦感，自然看不到自己该努力的方向，找不到自己前进的路在何方，工作对于他来说也就毫无意义了。

任何一个员工，都渴望看到实实在在的工作成果，这是他们自我价值的体现，他们会从中体验到自我满足感和自豪感。因此，作为领导者，如果想让员工感知到工作的意义，就必须用"工作成果"满足他们，使他们在精神上有所收获，而企业得到的就是员工高效率地工作。

所以，当员工执行一项任务时，领导者一定要确保员工看到自己的"工作成果"，不要让员工去猜想干得如何。领导者要记住员工的这一需要，因为他们可能不会像伐木工人那样主动去要求。

第3章

自我管理，从己出发才更有说服力

领导者之所以为领导者，是因为他具备一般下属所不具备的某种能力，比如，感召力、判断力、处事的能力等，人们普遍认为作为一个领导者应该博学多识、能力完备、灵活多变、公道正直、以身作则、铁面无私、赏罚严明、敢负责任、敢担风险等。可见，管理是一个过程，在这个过程中，深层次的个人能量，将会转化成某种超乎寻常的内在驱动力，推动着前进的风帆，驶向理想的彼岸。

充分授权令管理更从容

管理学上,有个著名的名词叫"充分授权",充分授权也叫一般授权,指上级在下达任务时,允许下属自己决定行动方案,并进行创造性工作。以这种方式进行授权并非上级向下级指派特定任务,而是上级向下级发布一般工作指示。

在今天的商业环境中,任何一个组织,都要求每个人发挥主人翁精神,包括一线工人和最高管理层的学问、思想、客观能动性以及创造力。因此,优秀的管理者懂得将权利充分下放,使员工以主人翁的态度为企业不时创造价值。杰克·韦尔奇有一句经典名言:"管得少就是管得好。"乍听此言,觉得有些不可思议,可是深化细想,豁然开朗:管得少并非说明管理的作用被弱化了,效率管理,可能会产生极佳的效果。相反,过于集中的权力很可能导致决策失误。

1995年2月27日,世界上有着233年历史的巴林银行倒闭了。具有四万员工、四个下属集团,全球几乎一切的地域都有分支机构的巴林银行怎样会倒闭呢?由于一个人——李森——巴林银行曾经最优秀的买卖员之一。李森当年才28岁,是巴林银行新加坡分行的经理。他是25岁进入巴林银行的,主要做期货买卖。之前李森的工作非常出色,业绩也很突出,听说他一个人挣的钱一度抵达整个银行其他人的总和。为了表示巴林银行对人才的注重，董事会决议采取一个政策，让李森具有先斩后奏的权益。可巴林银行没有料到，正是这一决议，使巴林银行走上了"不归路"。

1994年底，李森以为日本股市将上扬，未经批准就套汇衍生金融商品买卖，希冀应用不同地域买卖市场上的差价获利。这一举措假设放在别人身上，早就惹起上面的检查了，可是因为李森有先斩后奏的权益，没有人对此表示异议。后来，在已购进价值70亿美元的日本日经股票指数期货后，李森又在日本债券和短期利率合同期货市场上做价值约200亿美元的空头买卖。这等于把整个巴林银行都压在了日经指数会升值上。

但不幸的是，日经指数并未按照李森的预测走。在1995年1月降到了18500点以下。在此点位下，每降落一点，巴林银行就损失200万美元。李森又试图经过大量买进的方法促使日经指数上升，结果都失败了。随着日经指数的进一步下跌，李森越亏越多，眼睁睁地看着10亿美元化为乌有，而整个巴林银行的资本和贮藏金只需8.6亿美元。固然英格兰银行采取了一系列的挽救措施，但都没能救活这家具有233年历史的银行。

这家具有233年历史的银行为什么顷刻间化为乌有？因为管理上的失误！28岁的李森并没有能力独自担当起这样的大任。同时，他在经营巴顿银行期间，独揽大权，即使作出错误的决策，也无人表示异议。可见，授权正确与否关乎到一个企业的生死存亡。

现代企业管理对管理者已经提出了一个更高的要求——有效授权。大多数出色的管理者至少都有一个共同的特征：相当程度的授权，让下属无限的潜能得以发挥。的确，面对瞬息万变的市场风云，应对实力强劲的竞争对手，您能否高屋建瓴、运筹帷幄？能否最大限度地调发起工的积极性，充分发挥组织的整体优势？授权给下属，你会发现下属远比你想象的还要尽心、卖力和能干！

那么，怎样做到充分授权呢？

1.创造一个充分授权的环境

顾名思义，就是创造一个员工能全身心投入工作，为组织取得佳绩而共同努力的环境。

2."该放手时就放手"

在实际工作中，一些管理者喜欢事必躬亲，他们对下属的工作不信任、不放心，因此常常为员工们代劳各种工作；还有一种领导者，他们很注重过程管理，于是，他们实行典型的"指令"型授权，这种授权方式给下属造成了庞大的心理压力，同时也滋生了下属的依赖性。

这两种管理方式带来的消极结果都是：固然管理者操心省心，最终的结果只能是整个团队毫无生气，毫无创造力，目的的达成与否全系于管理者一身。

实际上，以上两种授权方式都没有真正地授权，管理者不敢放手，对下属的工作亦步亦趋地监视，那么，一旦下属离开管理者，就会陷入不知所措的工作境地，这样的团队怎么可能有执行力呢？此时，即使你的计划再圆满，目标再宏大，成功与否只能依赖身为管理者的你，这种状况关于一个企业是相当有风险的。

因此，授权管理：一定要做到"该放手时就放手！"管理者要懂得该放手时就放手，沉浸于权益的人只会扼杀自己取得更大业绩的潜力和可能性。

总之，授权就是复制自己，就是让别人为你工作，是放大自己时间的杠杆，是决议一个领导者才干的标志。

霍桑效应——让员工充分发泄牢骚

在心理学上有个著名的名词——"霍桑效应"，也就是社会心理学家常说的"宣泄效应"。

在20世纪20年代中期，有一家名为霍桑的工厂，它是美国西部电器公司的一家分厂。为了提高工作效率，这个厂请来包括心理学家在内的各类专家，在约两年的时间内找工人谈话两万余人次，耐心听取工人对管理的意见和抱怨，让他们尽情地宣泄。

令人惊讶的是，"谈话试验"真的起作用了，那些接受谈话的工人不再抱怨，干活也很起劲，工厂的产量自然大幅度提高了。那么，为什么会有这样的结果呢？

原来，这些工人在长期的工作中，逐渐认识到工厂的规章

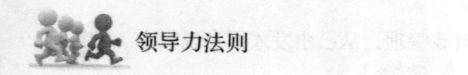

制度、福利待遇的不合理性，并心生不满，但这些不满情绪又得不到倾诉和宣泄，经过长年积累后演变为抱怨、抵触等负面情绪。他们将这种情绪带到工作中，自然影响了工作的效率。而"谈话试验"使他们将这些不满都尽情地宣泄出来，从而感到心情舒畅，干劲倍增。

于是，社会心理学家将这种奇妙的现象称为"霍桑效应"。霍桑效应告诉现实生活中的人们，不良的情绪会影响到我们的生活和工作，只有及时地宣泄，保持良好的心情，才能以最佳的精神状态投入到工作和学习中。

美国《读者文摘》中记载了这样一个故事：

一天深夜，某医生正处于熟睡中，却被一个陌生妇女的电话吵醒了，还没等医生开口，这位妇女就开始抱怨："我恨透他了！"

"他是谁？"医生问。

"他是我的丈夫！"医生感到突然，于是礼貌地告诉她："你打错电话了。"

但是，这位妇女好像没听见似的说个不停："我一天到晚照顾四个小孩，他还以为我在家里享福。有时候我想出去散散心，他却不肯，而他自己天天晚上出去，说是有应酬，谁会相信……"

尽管这位医生一再打断她的话，告诉她，他并不认识她，但是她还是坚持把自己的话说完。最后，她对这位素不相识的医生说："您当然不认识我，可是这些话已被我压了很久，现在我终于说出来了，我舒服多了，谢谢您，对不起，打搅您了。"

这里，我们再次发现，宣泄对于一个人的情绪调节有很大的作用，而一味压抑自己的不良情绪，会使人们在心理上形成强大的潜压力，导致精神忧郁、孤独、苦闷等心理疾病。一旦这种心理压力超越了人们的承受能力，严重时会导致精神失常。

"霍桑效应"同样给企业管理者一个启示：身为企业的管理者，每天要面临很多繁琐的事务，还要与各个员工打交道，避免不了会产生一些摩擦与不尽如人意之处，因此，往往会引起员工的不满，对于员工的不满，企业管理者切莫加以压制，而应该密切关注，一旦发现他们有不满情绪的时候，要适时采取措施，让他们把不良情绪宣泄出来，这样既能缓解下属的心理压力，增强下属的工作干劲，又能了解下属的真实心理，以便进行引导和教育。

"霍桑效应"还被广泛应用于现代企业管理中：

松下电器的一个下属企业中，设有"精神健康室"，也称"出气室"，室内摆满了各种哈哈镜，还有几个象征老板和管理者的橡皮塑像，旁边备有棍子。员工如果心情不好，或是对某位管理者心存不满，便可以拿起棍子，狠揍塑像进行发泄。这样，员工的不满情绪得到宣泄后，就避免了把对管理者的不满转移到工作和人际关系中。

美国麦道公司为了理顺员工的情绪，专门成立了一个"谈心部"。他们说："调动人的积极性的方法应多种多样，不能仅靠金钱，人总有不愉快的时候，总会遇到一些不顺心的事情，只要说出来，得到理解，人就会变得愉快，工作积极性也会提高。"

事实上，任何一个凝聚力、向心力强的企业，都能做到上下齐心，领导干部也能体恤员工，而员工便能情绪稳定，勇往直前，为企业努力奋斗。与之相反的一些管理者，他们总是以质问和责怪的语气与员工对话：我能做到的，你为什么不能？而这种"粗鲁"的管理方法只能让员工产生不满情绪，对于员工的不满，企业管理者采取的是打压政策，长此以往，便导致了员工的牢骚满腹，敢怒不敢言，于是就当面一套，背后一套，工作效率随之降低，企业竞争力也会随之下降。

那么，一个企业管理者，该怎样根据霍桑效应与员工对话、设立"牢骚室"呢？这要视员工的具体性格而定：如果你的员工性格内向、孤僻、不善言谈，牢骚室就应该设定在对方熟悉的环境，如在其家中或其工作地点等，这样做的好处在于让对方放松，从而无拘无束地说出心里话。而如果此员工性格外向、易冲动、暴躁等，你就应该选择自己熟悉的环境，如在自己的办公室等，这既能使自己产生一定的优势心理效应，又能有效地抑制对方的情绪冲动，从而为谈心取得好效果创造条件。

总之，如果你是一个强势的企业管理者，你就应该一改平时的管理作风，尝试与员工谈心，这样既能了解下属，又能增进与下属的感情！

首因效应——看人不能只凭初面

现今社会，科学技术、知识经济的发展，激烈的竞争已经逐步凸显在人才的竞争上，"人才资源是第一资源"的科学论断日益深入人心。无疑，作为企业管理者，已经肩负一个重要的任务，那就是为企业、单位寻找到急需的人才，而能否充当好这一伯乐的角色，也体现了管理者的能力。"世有伯乐，然后有千里马，千里马常有，而伯乐不常有。"这是唐朝韩愈的《马说》中的名句，道尽了古往今来所有怀才不遇者或者自认为怀才不遇者的心声。

在现实的用人过程中，我们不能否认，一些管理者掺杂了部分个人情感因素，其中不乏第一印象的影响，也就是心理学上所说的"首因效应"。

"首因效应"也被称为"先入为主"效应，是人与人第一次交往中给人留下的印象，在对方的头脑中形成并占据着主导地位的效应。它是指当人们第一次与某物或某人相接触时会留下深刻印象，个体在社会认知过程中，通过"第一印象"最先输入的信息对客体以后的认知产生的影响作用。第一印象作用最强，持续的时间也长，比以后得到的信息对于事物整个印象产生的作用更强。

很多管理者在识别人才时，往往根据第一印象来判断其是否是人才，第一印象固然重要，但长期的出色表现才是企业所需要的。因此，管理者在识别人才时，应该全面地看人，不能顾头不顾尾，不能用最初的印象来左右对其的客观评价。

　　孙权虽是一位珍惜人才、善识人才的明君，但却曾"相马失于瘦，遂遗千里足"。周瑜死后，鲁肃向孙权力荐庞统。孙权听后先是"大喜"，见面后却变成"心中不喜"；因为他看见庞统生得"浓眉掀鼻，黑面短髯，形容古怪"，再加上庞统并不怎么推崇孙权一向器重的周瑜，孙权便错误地认为"狂士也，用之何益"！鲁肃进一步提醒孙权，庞统在赤壁大战时曾献连环计，立下奇功，以期说服孙权。孙权却先入为主，顽固表示"誓不用之"，结果把庞统从江南逼走。有匡世之才的庞统，只因相貌长得不佳，竟然几处遭到冷落，报国无门，不得重用。

　　从上述故事中，我们可以看出孙权之所以不用庞统，是因为庞统"浓眉掀鼻，黑面短髯，形容古怪"。可怜庞统空有经天纬地之才，却因为相貌丑陋而得不到重用。

　　俗话说："人不可貌相，海水不可斗量。"印度诗人泰戈尔也曾说过："你可以从外表的美来评论一朵花或一只蝴蝶，但不能这样来评论一个人。"通过外貌来了解人，是识人的一种辅助手段。但是，把它绝对化，把识人变成以貌取人，就会错识人才，乃至失去人才。

　　一个人的容貌与工作能力并无直接的关联，管理者如果一味地坚持以貌取人，可能会失去真正的人才。

　　无独有偶，美国总统林肯也曾因为相貌偏见拒绝了朋友推荐的一位才识过人的阁员。当朋友愤怒地责怪林肯以貌取人，说任何人都无法为自己的天生脸孔负责时，林肯说："一个人过了四十岁,就应该为自己的面孔负责。"这里,林肯以貌取人却有其道理。

那么,作为管理者,如何避免因"首因效应"而作出错误的评断呢?

1.综合观察,不以貌取人

我们都知道,任何一个人的相貌都是与生俱来的,谁都无法改变,但一个人的学识、气质、能力却是后天所得,因此,要观察一个人,就要耳听六路、眼观八方,不仅仅考察其服装是否得体,还要通过其行为、谈吐来判断。

2.延长观察期,不可凭一时感觉

俗话说,路遥知马力,日久见人心。其实,用人也是同样的道理,在初次见面的过程中,对方可能因为一些客观因素无法展现其才能、学识等,这就需要管理者能延长观察期,给其一个机会,在今后的工作中充分发挥。

权威效应——成为员工的精神领袖

美国心理学家们曾经做过一个实验:某心理学家在给某大学心理学系的同学们讲课时,突然为同学们介绍一位新来的德语教师,并声称这位德语教师是一位著名的化学家。然后,这位所谓的化学家一本正经地开始了自己的化学实验,他拿出一个瓶子,说这是他新发现的一种化学物质,有些气味,请在座的同学们闻到气味时就举手，结果多数同学都举起了手，而实际上，这个瓶子里装的不过是毫无气味的蒸馏水。

对于本来没有气味的蒸馏水，由于这位"权威"的心理学家的语言暗示而让多数同学都认为它有气味。

人们都有一种"安全心理"，即人们总认为权威人物的思想、行为和语言往往是正确的，服从他们会使自己有种安全感，增加不会出错的"保险系数"。同时，人们还有一种"认可心理"，即人们总认为权威人物的要求往往和社会要求相一致，按照权威人物的要求去做，会得到各方面的认可。因此，这两种心理就诞生了权威效应。

心理学上的"权威效应"，又称"权威暗示效应"，是指一个人如果地位高，有威信，受人敬重，那他所说的话及所做的事就容易引起别人的重视，并让他们相信其正确性，即"人微言轻、人贵言重"。

"权威效应"同样给那些领导者一个启示：领导者也可利用"权威效应"去引导和改变下属的工作态度以及行为，这往往比命令的效果更好。因此，一个优秀的领导者肯定是企业的权威，或者为企业培养了一个权威，然后利用权威暗示效应进行管理。当然，要树立权威就必须先对权威有一个全面深层的理解，这样才能正确地树立权威，才能让权威保持得更加长久。

那么，领导者如何树立权威、使自己成为领袖或榜样呢？

1.以身作则，严格要求自己

前日本经联会会长土光敏夫曾经说过："身为一名主管，

要比员工付出加倍的努力和心血，以身示范，激励士气。"也就是说，作为一名领导者，要想让员工做到积极工作，做到真正为组织、为企业着想，自己就要做好表率作用，上行下效，员工的积极性自然也会提高。

土光敏夫在1965年曾出任东芝电器社长。当时的东芝人才济济，但由于组织过于庞大，层次过多，管理不善，员工松散，导致公司绩效低落。

土光接掌之后，立刻提出了"一般员工要比以前多用三倍的脑，董事则要十倍，我本人则有过之而无不及"的口号，来重建东芝。

他的口头语是"以身作则最具说服力"。他每天提早半小时上班，并空出上午七点半至八点半的一小时，欢迎员工与他一起动脑，共同来讨论公司的问题。为了杜绝浪费，他还借着一次参观的机会，给东芝的董事上了一课。

有一天，东芝的一位董事想参观一艘名叫"出光丸"的巨型邮轮。由于土光已看过九次，所以事先说好由他带路。

那一天是假日，他们约好在"樱木町"车站的门口会合。土光准时到达，董事乘公司的车随后赶到。

董事说："社长先生，抱歉让您久等了。我看我们就搭您的车前往参观吧！"董事以为土光也是乘公司的专车来的。

土光面无表情地说："我并没乘公司的轿车，我们去搭电车吧！"

董事当场愣住了，羞愧得无地自容。

原来土光为了杜绝浪费，使公司合理化，乃以身示范搭电车，给那位浑浑噩噩的董事上了一课。

这件事立刻传遍了整个公司，上上下下立刻心生警惕，不敢再随意浪费公司的物品。由于土光以身作则加之公司全体齐心协力，东芝的情况逐渐得到好转。

土光敏夫说："要督促政府达成革新，再也没有比国民一齐监督更有效的方法了。"

2.敢于认错，为自己的言行负责

我们对曹操"割发代首"的故事早已耳熟能详：

三国时期，曹操发兵宛城时规定："大小将校，凡过麦田，但有践踏者，并皆斩首。"这样，骑马的士卒都下马，仔细地扶麦而过。可是，曹操的马却因受惊而践踏了麦田。他很严肃地让执法的官员为自己定罪。执法官对照《春秋》上的道理，认为不能处罚担任尊贵职务的人。曹操认为：自己制定法令，自己却违反，怎么取信于军？即使我是全军统帅，也应受到一定处罚。他拿起剑割发，传示三军："丞相踏麦，本当斩首号令，今割发以代。"

现实中，却有一些领导者在管理中揽功推过，久而久之，在下属和员工心中便失去了号召力。而一个受人尊敬、爱戴的领导者往往能做到自我检讨，敢于承认自己的过失，并主动承担罪责。这是一种责任心，更是一种人格魅力，是一个领导者必备的品质。

自己人效应——广用人才，不拘泥于小团体

在人际交往中，彼此会相互影响。如果双方关系良好，一方就更容易接受另一方的某些观点、立场，甚至对对方提出的难为情的要求，也不太容易拒绝。例如，同样一个观点，如果是自己喜欢的人说的，接受起来就比较快和容易。如果是自己讨厌的人说的，就会本能地加以抵制。有道是："是自己人，什么都好说；不是自己人，一切按规矩来。"这在心理学上叫做"自己人效应"。

在生活中，应用"自己人的效应"的例子屡见不鲜。

美国的一家玻璃器皿公司在产品销售上，用自己独特的方式，他们每天的销售量超过25万美元！他们放弃了专柜和超市零售而是采用家庭聚会的方式。这里需要一个聚会的主人，这个主人会召集自己的一些朋友，然后为他们端茶倒水，和他们聊天，然后在正当的时机向他们推销自己的产品。这些朋友深知聚会主人可以从推销产品中获得一定的中间利润，但他们还是会心甘情愿地购买，这就是因为主人让他们感受到了温暖、责任心和安全感。

然而，在管理工作中，作为领导者，一定要认识到"自己人效应"在用人上可能造成的负面影响。管理者作为一个独立个体，和组织利益并不完全一致，决定了个人决策目标和组织要求目标不完全一致。作为管理者而言，他们或许更愿意任用自己人，但却不一定对组织有利，甚至是有害的。

另外，心理学研究证明：具备开朗、坦率、大度、正直、实在等良好品质的人，人际影响力强；反之，有傲慢、以自我为中心、言行不一、媚上欺下、妒贤嫉能、斤斤计较等品质的人，不受欢迎，也就缺少人际影响力。一个懂得知人善任的管理者会因为其公平公正的用人标准而受到员工的尊敬，这对于领导者权威的建立是大有裨益的。

那么，具体来说，管理者如何做到知人善任呢？

1.了解员工，"知人"才能"善任"

在一次宴会上，唐太宗对王珪说："你善于鉴别人才，尤其善于评论。你不妨从房玄龄等人开始，都一一作些评论，评一下他们的优缺点，同时和他们比较一下，你在哪些方面比他们优秀？"

王珪回答说："孜孜不倦地办公，一心为国操劳，凡所知道的事没有不尽心尽力去做，在这方面我比不上房玄龄。常常留心于向皇上直言建议，认为皇上能力德行比不上尧舜很丢面子，这方面我比不上魏征。文武全才，既可以在外带兵打仗做将军，又可以进入朝廷做管理担任宰相，在这方面，我比不上李靖。向皇上报告国家公务，详细明了，宣布皇上的命令或者转达下属官员的汇报，能坚持做到公平公正，在这方面我不如温彦博。处理繁重的事务，解决难题，办事井井有条，这方面我也比不上戴胄。至于批评贪官污吏，表扬清正廉署，嫉恶如仇，好善喜乐，这方面比起其他几位能人，我也有一日之长。"唐太宗非常赞同他的话，而大臣们也认为王珪完全道出了他们的心声，都说这些评论是正确的。

从王珪的评论可以看出唐太宗的团队中，每个人各有所长；但更重要的是，唐太宗能将这些人依其专长安排最适当的职位，使其能够发挥自己的所长，进而让整个国家繁荣强盛。

未来企业的发展不可能只依靠一种固定组织的型态而运作，必须视企业经营管理的需要而有不同的团队。所以，每一个领导者必须学会如何组织团队，如何掌握及管理团队。企业组织领导应以每个员工的专长为思考点，安排适当的位置，并依照员工的优缺点，做机动性调整，让团队发挥最大的效能。

2.善于观察

从前，有一位法师，观察力很强，虽然日日打坐、不问世事，但却对徒弟们的情况了如指掌。

一次，寺庙里某个岗位缺人，法师说："某某可以做。"然而，法师提出的人选出乎所有人的意料，甚至是大家认为最不合适的人，结果在他真的走上了那个岗位后，却做得非常好。弟子们顿悟，虽然同行之间彼此接触很多，但对身边的人，大家却不一定很了解。各人有什么特点、什么意愿，其实并不了解。而法师虽然接触弟子的时间比较少，却更加了解每一个人，知道每一个人的长处、心愿、能力，一旦有了机会，就会安排合适的弟子去承担，事实证明他的选择是非常正确的。

法师的观察力是弟子们公认的，大家都望尘莫及，这正是法师悲智功德的体现。

3.摒除个人情感因素，放下成见

管理者也是人，也有情感与情绪，实际工作中，必当与员工产生某些摩擦，也会对某个员工产生一些意见等，但在任命工作时，只有放下成见，才能真正做到人尽其用！

第4章

文化管理，启迪并培养员工的心智

现代社会，任何一个企业，都有自己的文化内涵，这就是企业文化。企业文化从本质上讲就是企业这一经济组织的经营意识及组织文化内涵。它反映了现代化生产和市场经济一般规律的新兴的管理理念，是在管理科学和行为科学基础上逐步演变产生的一种现代管理理论。而作为领导者，文化管理也必当成为其企业管理的一部分。而实际上，企业文化概念的产生就是从管理学的角度而来。作为领导者，只有将企业的精神内涵、文化价值观等深深植根于员工的心中，才能启迪员工的心智、激发员工为企业效力！

激发员工的使命感

世界著名博士贝尔曾经说过这么一段至理名言:"想着成功,看看成功,心中便有一股力量催促你迈向期望的目标,当水到渠成的时候,你就可以支配环境了。"这句话的含义是,人世中的许多事,只要想做,并坚信自己能成功,那么你就能做成。而这中间,使命起着重要的作用。在相同条件下,有明确而且强烈的个人使命,与没有目标被动懈怠的结果是完全不同的。作为领导者,在从事管理工作的过程中,除了要做到知人善任,还要挖掘出员工的使命感,从而让员工做到全力以赴,始终保持一种积极的心态,勤奋努力,自动自发,这样才能从根本上提高员工的工作效率。有这样一个故事:

老木匠辛苦了一生,建造了数不清的房子。这一年,他觉得自己老了,便向主人告别,想要回家乡安享晚年。

老板十分舍不得他离去,因为他盖房子的手艺是镇上最好的,没有第二个人能够跟他相比。但是他的去意已决,老板挽留不住,就请他再盖最后一座房子。老木匠答应了。

最好的木料都被拿出来了,老木匠马上开始了工作。但是人们都明显看出,老木匠归心似箭,注意力完全没有集中到盖房子上来。房梁是歪的,木料表面的漆刷得也不如以前光亮。

房子终于如期建成,老板把钥匙交到老木匠的手里,告诉他这是送给他的礼物,以报答他多年来辛苦的工作。

老木匠愣住了,他怎么也没有想到,自己一生建造了无数精美、稳固的房子,最后却让自己获得了一份粗制滥造的礼物。如果他知道这房子是为自己而建的,他无论如何也不会这样心不在焉。

这只是一则故事,然而现实生活中,不少管理者常常为这样的状况而不知所措:许多员工和故事中的这位老木匠一样,因为缺乏使命感,每天带着一脸的茫然和无奈去工作,草率地完成上级交给的任务,茫然地领回工资。因为他们认为,自己不过是为别人打工而已。很明显,这种消极的工作状态无论对于员工个人还是对整个组织而言,都是极为不利的。员工被动地应付工作,自然不可能投入全部的热情和智慧,也就不可能在自己的岗位上有所成就。同时,我们深知,效率是任何管理工作的根本目的,没有积极的工作状态又何谈效率呢?

然而,员工是否有使命感,与领导者的管理工作有着极大的关系,那么,领导者该如何激发员工的使命感呢?

1.以身作则,严格要求自己,做员工的表率

我们再来看下面一则故事:

美国前总统吉米·卡特入主白宫前,当过海军军官、农场主和佐治亚州州长。执政时尽管他的决策并不完全尽如人意,但是,他的个人品格和工作作风还是赢得了美国人民的广泛赞誉。

卡特对那些没有尽最大努力的人常常不能容忍。在他任州

长时，有一次，他因公和一位佐治亚州的专员同机外出。早晨7点钟，卡特已在飞机上等候了，只见那位专员正匆匆忙忙地从亚特兰大航空站的跑道上跑来。这时飞机正好滑行到跑道上，卡特虽然看到了那个人，但还是命令驾驶员准时起飞。"他不能按时到达这里，这实在太遗憾了。"他厉声地说。

吉米·卡特总统善于反躬自省，总是乐于面对自己的缺点，并设法自我改正。卡特十分勤奋而又能自律，同时坚信积极思考的力量。"他是个最守纪律的人"，吉米的朋友们众口一词地这样评论他。

他一直是像在就职演说中宣称的那样去做的："我们知道'多些'未必就是'好些'；即使我们这个伟大的国家也有其公认的局限性；我们既不能回答所有的问题，也不能解决所有的问题……总的来说，我们必须为了共同的利益而牺牲个人的精神，去尽我们最大的努力把事情做好。"

卡特之所以能赢得美国人民的好评，获得至高的荣誉，就是因为他能做到严格要求自己，尽量让自己做到最好。同样，如果我们的领导者在工作的过程中，也能起到表率作用，成为下属和员工的榜样，那么，员工也能受到激励，全力以赴地工作。

2.加强教育

日常工作中，一些员工缺乏使命感，没有工作积极性，某种程度上是因为他们对自己的工作或者所在的行业没有信心，为此，领导者要不断地向员工提供关于他们所从事行业的美好前景的相关知识与信息，让他们感觉在该领域，他们就是"专家"，培养他们的从业自豪感。

可见，任何一个领导者，都应该把培养和激发员工使命感作为日常管理工作中必不可少的一项内容，使命感的力量是无穷的。

取之不尽的精神财富——企业文化

现代社会，任何一个组织和企业的领导者，对"文化"这个词都不陌生，这是一个组织和企业的精神所在，也是一个组织和企业不断前进的强大动力，我们先来看看松下的企业文化——"玻璃式经营法"：

所谓"玻璃式经营法"，也就是要像玻璃那样透明。

松下的公开性方针包括财务公开、经营方针公开、经营状况公开，一切都和全体员工共同承担。中年的松下，曾经对这种方针加以总结，命名为"玻璃式经营法"，它被视为松下电器公司的三大主要经营法则之一。

松下电器公司成为股份公司以后，每年实行公开结算，不仅对内，也对广大民众公开。

"玻璃式"公开结营法则更重要的是经营目标和经营实况的公开。关于经营目标，除了每年每月的以外，松下还公布过一个长达250年的远景规划。

经营实况公开的要点，则是"报喜也报忧"，绝不把经营实况掩盖起来。好的时候，把喜讯带给员工，请大家分享成功的喜悦；坏的时候，把问题摆在桌面，依靠大家的力量共渡难关。

"玻璃式"经营法，主要是关于内部管理的内容。

对此，松下曾解释说，在工厂还只有五六个人的时候，他每月都和公司的会计作公开的结算，把结算的结果向大家公布。这种方法激发了员工的进取热情。大家听到这个结果，都兴奋地认为，这月如此，下月应该更加努力。由于这种经营方法很成功，松下在设立分公司的时候仍然采取这种方式，让分公司、事业部也公开企业的情况。其实，公开账目等做法，只不过是松下"玻璃式"经营法的极小部分。这种经营法的内经远比此要丰富。

为什么松下要采取"玻璃式"经营法？对于此，松下说："为了使员工能抱着开朗的心情和喜悦的工作态度，我认为采取开放式的经营确实比较理想。"关于玻璃式经营法，实际上开放的内容不只是财务，还包括技术、管理、经营方针和经营实况，都尽量让公司内的员工了解。

这里，我们不难发现，"玻璃式"的经营方法在松下公司运营过程中所起的作用不可轻视，可以说，松下之所以能一次次渡过这样或那样的难关，能够在别的公司员工罢工的时候而获得本公司员工的请愿支持，其个中缘由是和他向员工公开经营实况分不开的。因为开放式经营法，能唤起和加强员工的责任感，消除他们的依赖心理。因此，企业的管理者应该采取民主作风，不能让员工存有依赖上司的心理而盲目服从。每个人都应以自主的精神，本着负责的态度独立工作。所以，管理者更有义务让公司员工了解经营上的所有实况。

除此之外，现实生活中曾提出了许多具有强大激励作用和指导作用的精神和口号。一说"铁人精神"，我们立刻想到"铁人王进喜站在油池里，代替搅拌机搅动原油"；一说"雷锋精神"，我们立刻想到一个解放军战士，抱着孩子，扶着大娘，打着伞行走在泥泞的路上……这些让人们联想起具体事件或人物的精神和口号，具有巨大的激励作用。

再以海尔为例，一提到海尔公司，人们马上想到"质量零缺陷"、"快速反应马上行动"、"真诚到永远"、"客户永远是对的"这些词汇，的确，这些存在客户心中的良好印象正是海尔公司长时间的努力所得，人们永远不会忘记"砸冰箱事件"，不会忘记"大地瓜洗衣机从获得信息算起，三天设计出图纸，15天产品上市"，不会忘记海尔"营销员因送货车出故障，自己背着洗衣机走了3个小时给客户送货"的事……正是这些感人的事件和具体的形象，使海尔的文化理念深入到每一位员工的心里，而不是流于表面。这是海尔文化管理成功的核心。

那么，作为领导者，在管理工作的过程中，该怎样让员工和下属认同并接受企业文化，并使其深入人心，从而发挥作用呢？

1.对全体员工进行企业文化培训

这是领导者管理工作的重要内容之一，为此，作为领导者，就必须培养主持培训工作的主导者，这里的主导者，可以是企业领导，也可以是具有特殊故事的人，还可以是专家或社会人士等，但无论是谁，都要遵循事先策划，要把培训想表达的理念和故事的主旨讲深刻、讲生动，使每一个员工都记住、理解并主动向新员工讲解这些理念。这样，企业文化、理念、精神就活了。

2.让企业骨干发挥带头作用

在企业和组织中，管理者可以很轻易地发现，有这样一部分人，他们比其他员工能更快、更深刻地接受企业的文化，并能以实际行动做指导，这就是企业骨干。对此，企业管理者应该有敏锐的观察力，一旦发现这部分人，就应该把他们树立为典型，然后发挥其示范作用，充分利用其示范效应，使理念形象化，从而使更多的人理解并认同理念。

3.以企业文化理念与价值观为导向，制定管理制度

这是让企业员工对企业文化和理念强制接受和执行，在执行制度的过程中，企业理念与价值观会不断得到深化和内化，从而最终变成员工自己的理念与价值观。

通过以上三个步骤，管理者要为企业营造"管理制度与企业文化紧密结合"的管理环境。这种管理环境有两大作用：对个人价值观与企业价值观相同的员工，有巨大的激励作用；对个人价值观与企业价值观不相同的员工，有巨大的同化作用。可见，这是一种非常有效的企业文化建设模式！

如何让企业更像黄埔军校

黄埔军校，这个中国人民乃至世界人民耳熟能详的名字，曾经培养过很多优秀的战将，培养过许多优秀的领导人，推动

了当时社会的进步，实现了它的社会价值。从某种意义上说，它代表的就是军事智慧、钢铁意志、责任感、团队意识、适应能力、勇气和荣誉感等个人素质，而这些，也正是企业发展强有力的保障和必要条件。每一个管理者，都希望自己所在的企业能够像黄埔军校一样，有强大的生命力、保持基业常青。而要实现这样的目标，唯一有效的方法就是保持优秀人才的连续性。那么如何做到这点呢？如果你的企业不是一个单纯的企业，而是更像黄埔军校的话，那么做到这一点的可能性就大得多。

海尔总裁张瑞敏，每个月不管有多忙，都要到海尔大学去给他的员工上课。

几年前，七匹狼公司的董事长助理，成立了一家商学院，这家商学院实际上就是为培养七匹狼公司高管和经销商、代理商而设立的，对于高管和经销商，他们每年需要接受四次的培训。而对于代理商，他还负责食宿，请老师讲课当然也要拿出一定的费用，但是他明显感觉到，培训之后公司在整体上产生了巨大的销售业绩和成果，使自己超越了对手。

世界第一CEO杰克·韦尔奇成立过一个领导力训练中心，并亲自领导。他说："我最开心最快乐的日子，就是在周末的时候，来教育我的员工，把我的智慧传递到他们的身上，为企业创造价值。"

实际上，世界500强企业平均要拿出年营业额的1%来训练自己的员工。

对此，为企业承担管理工作的领导者，你是不是也在思考：到底怎样才能让企业更像黄埔军校？

企业的领导者不妨从以下几个方面努力：

1.以身作则，带头学习

身处一个激烈竞争的时代，作为企业的管理者，要想把企业打造得像黄埔军校一样，首先必须充实好自己。正如世界级管理大师彼得·圣吉曾经说过的一句话：未来21世纪的竞争，是看企业领导人是否比他的竞争对手学得更多、更快和更好。

世界著名的激励大师金克拉，虽然已经80多岁了，但每天早上仍坚持4：30起床看书、阅读，然后不断地听CD，丰富自己。更重要的是他经常去听演讲，特别是去听他学生的演讲。很多人问他："金克拉老师，你是世界顶尖级的激励大师，怎么还经常听你学生的演讲呢？你学生讲的那些内容，不都是你讲过的吗？"他说："我听我学生的演讲，是最好的复习，重复是学习之母。我复习一次，就加深一次印象，让我对自己所拥有的知识印象更加深刻。"

过了一段时间，又有人问他："金克拉老师，你复习一次就可以了嘛，干吗每次都来复习呢？我看你已经复习十几次了。"金克拉老师又说："我每复习一次，不仅能加深一次印象，而且我还要观察我的学生，看他哪里教得好，哪里教得不好，我通过他教得好的地方来反思自己，对照自己：我哪里教得好，哪里教得不好，哪里要改进、完善和调整。"

这是一种崇高的学习意境！可以说，金克拉是任何一个领导者都应该学习的榜样。作为领导者，只有以身作则，带领员工和下属学习，才能形成一个良性的学习氛围。

如果你的企业还不具备那么大的规模，为员工提供很大的学习环境，那么，你何不尝试一下把办公室当成教室，把工厂当成训练场，把企业当成学校呢？这样，企业的领导者就是老师，下属和员工就成了你的学生，经验丰富的你，完全可以不断地去教育、指导他们。下属们必当彼此分享、共同进步。这样的话，企业增值的可能性、业绩增长的可能性都会大得多。

2.了解你的员工，做到查缺补漏

这主要包括在最近一段时间里，大家要达成什么样的目标？每个人目前离目标还有多远？还需要完成什么？目前每个员工哪里不够令人满意？他们缺乏什么知识？存在哪些方面的问题？需要进行哪些方面的改进？需要得到什么样的帮助？了解这些之后，才能为每个员工量身制订各项学习计划，促使其进步。

3.让员工定期接受技能和知识培训

世华智业集团是国内较早专注从事高端总裁培训的管理咨询公司。这家集团内部一直执行"世华100计划"。何谓"世华100计划"？就是每年要进行100天的培训，培训时间安排在每天晚上。经过培训，公司管理者发现，所有坚持参与"100计划"的同仁，都得到了巨大的改变。

总之，作为企业的领导者，一定要时常倡导：在企业中，领导应该像老师，下属应该像学生，同事应该像同学，办公室应该像教室，工厂应该像训练场，企业应该像学校。如果你真的有这样一个组织、一个团队，那么，你的企业一定会蒸蒸日上！

引入竞争机制，为企业注入活力

心理学上有个"鲶鱼效应"。关于这一效应，有这样一个由来：

挪威人喜欢吃沙丁鱼，尤其是活鱼。市场上活鱼的价格要比死鱼高许多。所以渔民总是想方设法让沙丁鱼活着回到渔港。可是，虽然经过种种努力，但绝大部分沙丁鱼还是在中途因窒息而死亡。然而，却有一艘渔船总能让大部分沙丁鱼活着回到渔港。船长严格保守着秘密。直到船长去世，谜底才被揭开。原来是船长在装满沙丁鱼的鱼槽里放进了一条以鱼为主要食物的鲶鱼。鲶鱼进入鱼槽后，由于环境陌生，便四处游动。沙丁鱼见了鲶鱼十分紧张，左冲右突，四处躲避，加速游动。这样沙丁鱼缺氧的问题就迎刃而解了，沙丁鱼自然欢蹦乱跳地回到了渔港。

这就是著名的"鲶鱼效应"。作为领导者，应该从这个效应中领悟出一则管理经验，作为领导者，应该采取一种手段或措施，在员工的管理中引入竞争机制，从而使员工活跃起来，其实，这就是一种负激励，是激活员工队伍之奥秘。

在员工的管理中引入竞争机制，毫无疑问会大大激发员工的工作热情，并使参与竞争的员工都增长才干，得胜一方固然要前进一大步，另一方也肯定不会原地踏步。因此，竞争总是有着一种热烈的欢乐的场面。在竞争中，员工可以互相学习许多东西，还能增进了解，加深彼此的友谊。而作为一个管理者，如果能巧妙地组织、指挥竞争，并真心地帮助参与竞争的各方取得胜利，必然会赢得每个参与竞争的下属的拥护和爱戴。

国外有一家工厂，工人没有一点积极性，生产十分糟糕，老板采用了哄骗、责骂、强迫甚至开除等方式，都无济于事。

有一天傍晚，正值日、夜班交接，厂长来到工厂，问日班的工人："今天你们这一班做了几个产品？"

"6个。"

厂长没说一句话，用粉笔在地板上写了一个大大的"6"字就离开了。

夜班工人上班时看到这个"6"字后，问明了它的含义。

第二天厂长来到工厂的时候，夜班工人已经将"6"字换成了"7"字。

日班工人看到这个由"6"字改成的"7"字，不服气，他们决心给夜班工人一点颜色看。在班长的组织下，他们抓紧工作，下班前，将"7"字改成了一个神气十足的"10"字。

很快，这个曾经生产很糟糕的工厂变得蒸蒸日上、很有生气。

这个厂长利用工人的好胜心，激起竞争，取得了预想不到的效果。

的确，好胜心是人的天性。无论是牙牙学语的孩子还是白发苍苍的老人，都有着强烈的好胜心。比如，青年人参加拔河比赛，没有哪个不竭尽全力的。各种各样的体育比赛中，只要是上了场的运动员，不论年龄大小，没有一个不想赢得这场比赛的……人如果没有这种好胜心，人类社会就不可能前进。而在企业中，如果每个员工也有强烈的好胜心，都争做第一，那么，这个企业就会有所发展。当然，怎样让员工具备你追我赶的竞争态势，是每个领导者的本职工作。

那么，作为领导者，在对员工的管理工作中如何引入竞争机制呢？

1.争做一个"鲶鱼"领导者

所谓领导者，就是影响他人工作、完成任务的个人或组织。如果企业整体如同死气沉沉的沙丁鱼箱，那么，企业内部的员工自然就如同沙丁鱼，他们工作毫无积极性，效率低下，机构庞大繁杂。而此时，"鲶鱼"领导者的到来，新官上任三把火，他势必会发挥自己的领导管理才能，在纪律上进行整顿，在制度上进行规范，并做到合理配置岗位和人、财、物，经过一段时间的调整，企业的经营势必有一定的起色：企业生产和管理成本降低，机构简化，员工受到激励，这样整个机构就会呈现一派欣欣向荣的景象，在"鲶鱼"领导者的带领下，整个企业的活力都被调动起来了，员工的积极性也被激发出来了。

2.实行奖惩制度

领导者对于那些工作积极、有突出成就的员工可以采取适当的物质和精神上的奖励，也可以采取以贡献论报酬的公平原则。这些都能激发员工的好胜心，那么，竞争无形中也就产生了。

3.引导员工进行良性竞争

每一个管理者都应该明白：即使企业员工都是为了一个共同的目标——提高工作效率，增强企业的市场占有率而奋斗，但在员工之间，竞争依然是存在的，但竞争分为良性竞争和恶性竞争，此时，管理者就不可避免地履行自己的一个职责——员工之间的恶性竞争，并在员工之间产生恶性竞争时，积极引导他们参与到有益的良性竞争中。

总之，任何一个领导者，都应该做到强化员工的忧患意识，对于企业的规章制度和奖惩制度处理除了完善和人性化以外，还应切实加强"竞争力"和"执行力"意识！打破以往的惯性管理，践行"以人为本"，调动员工的积极性和加强员工的竞争意识！

统一的核心价值观引导员工

关于"企业核心价值观"一词，任何一个领导者都不陌生，所谓企业的核心价值观，通常是指企业必须拥有的终极信念，是企业哲学中起主导性作用的重要组成部分，它是解决企业在发展中如何处理内外矛盾的一系列准则，如企业对市场、对客户、对员工等的看法或态度，它影响与表明企业如何生存的立场。

可以说，企业的核心价值观也就是企业精神，企业精神就是支撑一个企业的核心竞争力，是全体员工智慧的结晶。而从另一个方面说，作为企业的领导，只有先让企业员工认同企业精神和企业文化，才能凝聚人心，而要达到这一目的的前提是，企业需具有一个核心的价值观。

北京普诺德科技有限公司成立于2004年5月18日，目前已经是北京知名的网站建设、网络营销公司，拥有丰富的网站建设、网站策划、网络营销经验。

普诺德的企业价值观是："爱心、正直、创造、奉献"。

爱心：普诺德认为，要建立伟业，必须有爱心，普诺德的企业文化以"爱"为核心，普诺德在自身发展的同时，培养员工懂得感恩，讲孝道，孝顺父母，提倡同事之间互相帮助，相互关心！普诺德人以帮助他人作为自己最大的快乐。

正直：正直就是要不畏强势，维护正义，要敢说敢做，要能够坚持做正确的事情，亦要勇于承认错误。正直意味着有勇气坚持自己的信念。正直的人内心充满快乐。正直的人有道德的影响力，从总经理到经理层，都是正直的人，就可以影响员工的正直，就可以吸引更多正直的人一起创造伟业！

创造：创造是从无到有，从弱到强，从小到大的行动的过程，普诺德人由几个人到五十多个人，从几个客户到一千多个客户，无不证明着创造的力量，普诺德发展的四年多，我们不断地创造着！

奉献：普诺德人坚信，人生的最大意义和价值就是奉献！我们奉献爱心，奉献思想，奉献经验，普诺德发展的过程就是不断奉献的过程，普诺德发展的四年多，培训和培养了100余名有志人才，在普诺德企业文化的影响下，普诺德人更积极，更具远大的理想和目标，更懂得奉献的意义和道理！

普诺德在四年多的迅速发展中，已经为北京1500家企业提供了网站建设、网络营销等服务，目前成为北京网站建设行业中一股强劲的力量。这里，不可否认，普诺德之所以会在如此短的时间里取得如此巨大的成就，与其本身的核心价值观的指引是有巨大关系的，正是这些价值理念，让这一年轻的团队始终保持活力和朝气！

而如何打造企业核心价值观，也是作为企业领导者的工作之一，对此，领导者需要从以下几个方面努力：

1. 对现有企业文化进行审查，进行文化定位

在塑造企业文化前，领导者要做的首要工作是对所在企业进行文化审查和定位，只有这样，才能使塑造出的企业文化更准确、更科学。

比如，如果你为一家体育企业效力，那么，首先，你需要审查的是，体育行业最主要的文化特征是什么？体育行业是一个以品牌为驱动的行业。它主要的文化特征是强势的狼性文化，还是温情的羊性文化？是具有活力的文化，还是官僚严重的文化，或者是消沉的文化？这是你在进行文化定位之前要考虑的几个问题。

另外，你需要审查的还有企业的外部环境。包括政治、经济、民族文化、法律等方面，这些因素都会影响企业成员的思想意识和行为。

2. 对企业进行深度窥探和调研

对企业的深度窥探和调研包括深入了解客户企业、挖掘企

业成功的要素和企业内部所存在的问题。为了把握这些问题的准确性，你需要按照以下几个步骤操作：

第一步，资料收集。收集企业战略、文化、人力资源等与企业文化建设相关的资料；

第二步，深入基层，了解企业的办公环境以及办公氛围，多角度剖析企业；

第三步，深度访谈，全方位了解企业，了解企业员工眼中的企业；

第四步，问卷调研，通过定性定量的结合，对企业进行系统科学的调研分析，准确把握企业的文化特点。

3.勾勒出文化轮廓，最终形成企业价值观

企业核心价值观一方面蕴涵在企业的行为模式中，需要从企业中提炼；另一方面需要借鉴外部企业的核心价值观，这样，它才具有一定的前瞻性。

总之，核心价值观的提炼只有在认真分析研究各种相关因素的基础上，才能确定既体现企业特征，又为全体员工和社会所接受的价值观。

另外，在企业进行深入调研的基础上，在执行公司新策略的前提下，应由高阶主管们讨论并制定出公司所期望的企业核心价值观及行事信念；由顾问公司通过专业的工具，勾勒出企业的文化轮廓。经过讨论所达成的共识转换成员工看得到的企业文化。

第5章
沟通管理，和谐的声音让未来更光明

现代社会，很多企业管理者已经认识到，管理者与被管理者之间的有效沟通是任何管理艺术的精髓。而事实上，很多领导者却陷入了不能实现高效管理的旋涡中。由于沟通环节不畅而无法充分发挥作用，一件本来很好的事情由于沟通不畅导致结果适得其反……因此，作为领导者，在今后的工作中，还需要不断掌握和运用有效的沟通方法，创造工作动力，激发工作潜能，使企业的战略目标早日实现。

威尔德定理：倾听是沟通的开始

现实生活中，人们在工作和生活之中每时每刻都进行着沟通，从事管理的领导者也是如此。但对于沟通的真正定义，并不是所有的领导者都能领悟，同时，善于运用沟通的技巧，并能够进行有效沟通的领导者可能更少。而这其中一个重要的沟通技巧就是倾听，可以说，倾听是沟通的开始。关于这一点，有个著名的威尔德定理，由英国管理学家L·威尔德提出，他认为，人际沟通始于聆听，终于回答。我们先来看看下面的故事：

一天，一个商人出海游玩，他站在码头，看到一个收获颇丰的渔夫，于是，他开始和渔夫攀谈起来。

"您捕的鱼又大又新鲜，捕这些鱼要花多长时间啊？"

"先生，用不了多长时间，我才驾船出海几小时而已。"渔夫答道。

"看来你的技术不错，那，为什么不多捕一点呢？"商人困惑地说。

渔夫笑着说："为什么非要那样呢？等我去做的事情还多着呢？"

商人又问："那多余的时间你用来做什么？"

渔夫说："很多啊，看我想做什么了，我可以跟孩子玩要，陪老婆睡午觉，每晚到村里跟朋友喝喝小酒，唱唱歌。我的生活过得美满又充实。"

商人嘲笑道："哦，你实在是目光短浅。"他抛出名片："不过我能帮助你成就一番事业。依我看，你每天应该多花一点时间出海打鱼，然后存钱，再买一条大船，然后你再继续从前的工作，很明显，不久你又可以买几条大船。这样，你肯定要雇人为你打鱼，你的生意只能越做越大了。当然，对于雇佣新的渔夫我能帮助你。"

渔夫此时并没有插话，于是，商人拿出了纸笔，边画图表边说："鱼打得多的时候，你就不需要再卖给那些商贩了，你可以卖给加工厂，用不了多久，你就会拥有自己的加工厂了。接下来，你就能……也许你会搬到更大的城市，在那里你完全可以扩大你的生意。"商人说得眉飞色舞，他稍微停顿一下，等着渔夫对他的意见表示采纳和感激。

渔夫思考了一会儿说："那实现这一目标需要多久呢？"

"哦，大概……十五到二十年吧。"

"先生，然后呢？"

商人笑着说："你会变得很有钱啊。你可以赚上几百万，甚至上千万。"

渔夫疑惑地问道："那么，接下来呢？"

商人说："最后，你就可以变成一个有钱的退休者，你可以尽情享受美好的晚年时光，比如，在海边买个渔村，陪陪老婆孩子，和朋友聊聊天、唱唱歌。"

渔夫歇了一会儿说:"先生,谢谢你给我的建议。不过,你没发现,这正是我现在所过的生活吗?"

这里,我们发现,尽管商人费劲唇舌、希望能让渔夫改变观念,但最终却还是未能打动渔夫。因为商人与渔夫的出发点大相径庭。由此我们同样得到一个管理学启示,一味地说而不懂得倾听这种死板的沟通方式,起不到任何的沟通效果。

的确,几乎任何交流中,人们忽视的问题都是倾听。因此,作为一名领导者,无论是与下属还是上级沟通,也无论沟通的场合是严肃还是轻松,在你开口前,请记住一定要多听,只有倾听,才能为你回答问题时提供更多的信息和帮助。当我们养成了倾听的习惯时,就必然会了解我们的员工的问题、挫折以及需求。同样,只有认真听取下属的意见,领导者才能很快建立一支高效的队伍,并且,这样的高效会很持久。

而事实上,有相当一部分管理者还是持着古板的沟通观念和习惯,他们认为,作为下属和员工,听从自己的意见和指令是理所当然的,于是,他们经常这样说:"我说了这么多,你们觉得我的观点怎么样?"此时,可能根本没有人愿意回应你的话,为什么?因为你没有意识到倾听才是沟通的开始。

上帝之所以给我们两只耳朵和一张嘴,就是要我们少说多听。如果我们总是张着嘴说话,我们学到的东西肯定非常有限,了解到的真相也会少得可怜。

因此,一位管理者要想成功,很有必要先听听自己的职员都在说什么,多听听他们的意见和建议,相信对你的管理工作非常重要。

那么，具体来说，在管理工作中，作为领导者，你该如何运用倾听这一艺术呢？

1.使用身体语言表达你正在倾听

对此，你需要注意的是：不要忘记点头，这是你正在听的证据；身体面向说话者；与对方的目光进行交流；表情要平和，不要不耐烦。

2.复述

也就是说，倾听的时候，你需要偶尔重复说话者所叙说的内容。这样做的好处在于，不仅表明你曾认真听了对方的话，还获得了一个清楚的理解。

比如，当你的下级告诉你："真可惜，你没参加下昨天的会议，太有趣了。"作为倾听者，你应该反问道："是吗？是什么有趣的会议？"然后继续听他说下去。

3.发问

倾听不仅仅是带着耳朵听，还需要有语言的交流，发问在倾听中实际上就是一种信息的反馈。

比如，当你的下属需要请教你工作上的难题时，你可以先问询他的想法，此时，你要做的是，看着他的眼睛，以这样的发问方式开始："能告诉我，你是怎么想的吗？"先发问，后再倾听。

当然，在对话过程中，发问的技巧很重要。对不同的人，可提出不同的问题。

当然，在管理中，对于大多数领导者来说，要想发挥好倾听的作用，获得最佳效果，灵活运用上述几个方面已经足够使用了。

管理的精髓在于高效的沟通

生活中，我们随时随地需要与人沟通。同样，在企业管理中，领导者的大部分时间也是用在沟通上。开会、谈判、谈话、作报告是最常见的沟通形式，撰写报告实际上是一种书面沟通的方式，对外的各种拜访、约见也是沟通的表现形式。也就是说，沟通在企业管理中的作用不可小觑，日本经营之神松下幸之助说过"企业管理过去是沟通，现在是沟通，将来还是沟通，可以说管理人员沟通技巧是否成熟在一定程度上决定了经营的成败。

我们知道，管理说到底是人的管理，就是做人的工作，因为人的因素是企业成功的关键所在，而这中间，观念整合是先导。作为管理者最重要的任务就在于培养起与员工之间健康的关系。而要实现这一点，就必须要做到高效的沟通，这也是管理的精髓所在，正如美国著名未来学家奈斯比特曾指出："未来竞争是管理的竞争，竞争的焦点在于每个社会组织内部成员之间及其外部组织的有效沟通上。"事实上，所有的管理问题归结到结底都是沟通问题。我们先来看看下面这个故事：

有这样一个小男孩，他的工作就是替人割草。一天，他叫来他的朋友，给了这位朋友5美元，希望他能打电话给一位老太太。

电话拨通后，男孩的朋友开始按照男孩教给他的提问："请问您需不需要割草？"

老太太回答说："谢谢，不需要，我已经有了割草工。"

"可是，我会帮您拔除额外那些杂草。"

"我的割草工已经做了。"

此时，男孩的朋友继续说："我会帮您把草与走道的四周割齐。"

老太太回答："我请的那个割草工也已经做了，他做得很好。谢谢你，我真的不需要新的割草工。"

当听到老太太这样回答后，男孩便暗示朋友可以挂电话了。此时，这位朋友很不解地问男孩："我不明白，你明明就是老太太的割草工人，为什么还要打这个电话？"

割草男孩说："我只是想知道老太太对我工作的评价。"

这个故事的寓意是：沟通是必要的，只有勤与客户、老板或上级领导沟通，你才有可能知道自己的长处与短处，才能够了解自己的处境。当然，作为领导与上级，也应做到与员工高效沟通，通过良好的沟通让员工感觉到企业对自己的尊重和信任，因而产生极大的责任感、认同感和归属感，促使员工以强烈的事业心报效企业。同时，打破等级制度，充分强调家庭般的和谐和温暖；部门之间互通信息，互知甘苦。这就需要沟通，需要高速、有效的沟通。此外，沟通还能化解矛盾、澄清疑虑、消除误会。

现代企业中，很多管理者正是因为认识到这一点，才实现了靠沟通式管理取胜。比如，美国通用电气公司，任何一级领导，上至最高领导，下至每一级负责人，都对员工实行门户开放政策，公司上下，并不互相称呼职位，而是直呼其名，无尊卑、贵贱之分。另外，这些领导与负责人鼓励员工们随时进入他们的办公室反映情况。为此，大家相处得十分融洽，像一个大家庭。依靠这种感情沟通式的管理，通用电气公司以惊人的速度发展着。这种沟通式管理给人以深刻的启迪。

再比如，在日本，一些企业内部都设置了一个"出气室"，这个小房间内，放着公司主管及一些领导者的人体塑像，旁边还放着大棒。受到委屈的员工，尽可以到那里向这些塑像发泄，将他们痛打一顿后，怨气也就随之冰释。这种沟通方法实在高明。

其实，任何一个领导者都能认识到，在企业内，大多数问题都可以归结为沟通上的问题，比如企业常见的效率低下的问题，实际上往往是由沟通不畅或不懂得沟通所引起的。另外，企业里执行力差、领导力不高的问题，归根到底，也与沟通能力的欠缺有关。

管理沟通对提高一个组织的绩效至关重要。一个企业中的员工不可能不进行沟通，即使沉默也传达了一种组织的态度。

孙武云："上下同欲，士可为之死，为之生。"沟通创造和谐，赢得人心，凝聚出一股股冲天士气支撑企业大厦。人心所向，发展何忧？以沟通管理企业，就是以成功锻造企业丰碑。当然，沟通是一种必需，也是一种艺术。这就需要领导者在管理工作中针对不同的沟通对象、灵活运用各种沟通方法，从而真正做到高效沟通！

位差效应：平等交流是有效沟通的保证

现实生活中，每个人都渴望获得他人的尊重和认可，这一点，无论是国家元首还是普通人都无一例外。同样，作为现代企业和组织的员工们，也希望通过平等的交流获得上级或领导者的认同。任何交流，只有建立在平等的基础上，才会取得应有的成效。

而事实上，许多企业已经认识到沟通的重要性并予以重视，却往往忽视有效沟通渠道的建立。在企业中，信息的交流主要有三种：上传、下达、平行交流。前两种是非平等交流，第三种是一种平等交流。要想扩大沟通的有效性，就需要把平等的理念注入到前两种交流形式中去。关于这一点，有个著名的"位差效应"。

那么，什么是"位差效应"呢？

这一效应来自于美国加利福尼亚州立大学对企业内部沟通进行研究后得出的重要成果。这一研究结果表明，来自领导层的信息中，被下属真正知道并理解的只有20%~25%，而其中能向上级反馈的信息则不超过10%，而平行交流的效率则可达到90%以上。

后来，经过进一步的研究，他们发现，正是因为平等交流是建立在平等的基础上的，所以它的效率很高。为了验证平等交流在企业内部实施的可行性，这些研究者尝试在企业内部建立一种平等的沟通机制。他们发现，建立这种机制后，企业领导和下属间的沟通能力提高了，他们在价值观、道德观、经营哲学等方面也能很快地达成一致；上下级之间、各个部门之间的信息能形成较为对称的流动。这样，他们得出了一个结论：平等交流是企业有效沟通的保证。

可见，很多企业都存在一个巨大的沟通问题——言路不畅，的确，当管理层次逐步增加，基层的声音就很难传达到高层领导那里。而要解决这些问题，最好的方法就是打破上下级之间的等级壁垒，尽可能地实现平等交流。而在沃尔玛，这一信条得到了完美的体现。

在沃尔玛公司，高层领导们一再强调倾听基层员工意见的重要性，即使现在公司规模不断扩大也是如此。

沃尔玛实行"门户开放"政策，这个政策的含义是，在公司内，即任何时间、地点，任何员工都有机会发言，都可以口头或书面形式与管理人员乃至总裁进行沟通，提出自己的建议和关心的事情，包括投诉受到不公平的待遇。公司保证提供机会讨论员工们的意见，对于可行性建议，公司会积极采纳并用来管理公司。

沃尔玛公司的董事长沃尔顿先生也总是很乐于接见来自各基层的工作人员，他总是很耐心地听对方把话说完，如果情况属实，或者对方的意见正确，那么，他就会认真解决与之有关的问题。同时，他要求公司每一位经理认真贯彻公司的这一思想，并要付诸行动，而不是做表面工作。

沃尔玛重视对员工的精神鼓励，总部和各个商店的橱窗中，都悬挂着先进员工的照片。公司还对特别优秀的管理人员

第5章 沟通管理,和谐的声音让未来更光明

授予"山姆·沃尔顿企业家"的称号。

沃尔顿还强调:员工是"合伙人"。沃尔玛公司拥有全美最大的股东大会,每次开会,沃尔玛都要求有尽可能多的部门经理和员工参加,让他们看到公司的全貌,了解公司的理念、制度、成绩和问题,做到心中有数。每次股东大会结束后,沃尔顿都会邀请所有出席大会的员工约2500人到自己家里举办野餐会。

在野餐会上,沃尔顿与众多不同层次的员工聊天,大家畅所欲言,交流对工作的看法,提出对公司的建议,讨论公司的现状和未来。每次股东大会结束后,被邀请的员工和没有参加的员工都会看到会议的录像,而且公司的刊物《沃尔玛世界》也会对股东大会的情况进行详细的报道,让每个员工都能了解到大会的每一个细节,做到对公司确实全面的了解。沃尔顿说:"我想通过这样的方式使我们团结得更紧密,使大家亲如一家,并为共同的目标而奋斗!"

正是这种视员工为合伙人的平等精神,造就了沃尔玛员工对公司的强烈认同和主人翁精神。在同行业中,沃尔玛的工资不是最高的,但他的员工却以在沃尔玛工作为快乐,因为他们在沃尔玛是合伙人。

由此,作为现代企业的领导者,也应当看到平等交流在工作中的重要性,那么,领导者如何保证与员工平等交流呢?

(1)作为较高层次的管理者,应坚持走群众路线,注重实际和调查研究。

(2)要广开沟通和交流的渠道,尤其是要多注意利用非正

式渠道。

（3）应增强自己的民主意识，平易近人，谦虚谨慎，不耻下问。

（4）要摒弃虚荣心，勇于承担责任，使企业内部形成浓厚的批评与自我批评的氛围，并且率先垂范，以身作则。

（5）在沟通和交流过程中，管理者应尽最大努力获取原始信息，即第一手材料，因为原始信息往往更真实。

日本管理学家通过实践证实：每经过一个层次，信息失真率约为10%~15%；倘若信息传递的方向是上级向下属，那么，只有20%~25%被正确理解，反过来，下属向上级反映的信息中，能被理解的则不超过10%。我们还必须了解的是，管理者在与下属沟通和交流时，除了要尽力获得原始信息外，还应多了解反面信息，并在沟通和交流中保持信息内容的准确无误。

总之，作为一个领导者，要有积极的沟通意识，并积极开拓顺畅的沟通渠道，这样，"下恒苦上之难达，上恒苦下之难知"在最大程度上就被避免了。

乔治定理：意见互通交流

现代社会，随着市场竞争的不断升级，有效的内部沟通已经成为企业成功的关键因素之一。通用电气公司前总裁韦尔奇曾说过："现代企业必须使公司更团结、更容易与人沟通，并鼓励员工同心协力为越来越挑剔的顾客服务，这样才能成为真正的赢家。"然而，任何沟通都必定涉及交流双方，单方面的意见传达并不能达到任何沟通效果，也就是说，要做到高效沟通，就必须实现意见互通交流。美国管理学家小克劳德·乔治也认为，有效地进行适当的意见交流，对一个组织的气候和生产能力会产生有益的和积极的影响。这就是著名的"乔治定理"。他的话看似平淡无奇，却中肯地揭示了企业在生产经营活动中必须遵循的一条重要原则：那就是把企业的内部沟通或者说"意见交流"制度化、日常化，以此建立一种频繁交流的民主氛围。

的确，在日常工作中，任何一个领导者都会开展意见交流的工作，但也许因为它的经常性，则容易被人们所忽略。而这样的结果却是未能真正做到"意见交流"，花了那么多时间和精力，单单缺少了彼此间平行的意见交流。有的是领导者的长官意志贯穿全会，容不得与会者的探讨与发言；也有的是形式主义和走过场，缺乏真正的民主与意见的互通。

可见，乔治定理的高明之处在于指出了"有效地"进行适当的意见交流。这里"有效"二字意义重大，它从一个侧面道破了沟通的规律：即很多的沟通未必都是有效的，相反，而是效率很低的。

我们先来看摩托罗拉公司是怎么实现领导与员工的意见互通的：

1998年4月，摩托罗拉（中国）电子有限公司推出了"沟通宣传周"活动，内容之一就是向员工介绍公司的12种沟通方式。比如，员工可以书面形式提出对公司各方面的改善建议，全面参与公司管理；可以对真实的问题进行评论、建议或投诉；定期召开座谈会，当场答复员工提出的问题，并在7日内对有关问题的处理结果予以反馈；在《大家》、《移动之声》等杂志上及时地报道公司的大事动态和员工生活的丰富内容。另外，公司每年都召开高级管理人员与员工沟通对话会，向广大员工代表介绍公司经营状况、重大政策等，并由总裁、人力资源总监等回答员工代表提出的各种问题。

古语云："上下同心，其利断金。"正是通过这一系列的举措，摩托罗拉让员工感到了企业对自己的尊重和信任，从而产生了极大的责任感、认同感和归属感，促使员工以强烈的责任心和奉献精神为企业工作。

要知道，一个沟通顺畅的企业必然是一个工作气氛融洽、工作效率极高的企业，在这样的企业里工作，哪怕再苦再累，也是心甘情愿的，因为心情是愉快的！沟通创造和谐，沟通赢得人心，它能够凝聚一股士气和斗志。这种士气和斗志，就是支撑企业大厦的中坚和脊梁。有了这样的中坚和脊梁，必定人心所向，又何愁企业不发展呢？

显然，任何一个领导者都必须在实现真正的意见互通交流方面付诸努力，为此，领导者需要做的是：

1.建立一个制度化、日常化的沟通规则

即把意见沟通列入正常化的工作章程之中，比如，每个月至少几次或者每周一次开"意见交流会"，并且要求"意见交流会"上，人人平等，领导者不能摆官架子，大家畅所欲言。对于那些在会上勇于发言的下属和员工，应当给予激励，而不是打击报复。这样的"意见交流会"与其他会议是有所区别的，大家可以直奔主题，并对所有人提出的问题进行深入、平等的交流。

2.让员工了解你

联想的企业文化手册中明确写道：放开自我，让别人了解你的需求，让别人了解你的困难，让别人知道你需要帮助。主动了解他人的需求，让他人感到能得到理解和帮助。做到五多三少：多考虑别人的感受，少一点儿不分场合地训人；多把别人往好处想，少盯住别人的缺点不放；多给别人一些赞扬，少在别人背后说风凉话；多问问别人有什么困难，多一些灿烂的微笑。

联想正是通过这样的沟通渠道，唤起了员工对企业宾至如归的感觉，感受到了企业和谐温馨，进而做到上下同心。

因此，领导者在管理的过程中，如果能做到以上两点，意见的有效交流就大大减少了阻碍，员工自然能高效地工作，对公司的组织气候和生产能力都会产生积极的影响，公司内部的民主氛围也将得到明显改善，在不知不觉中，整个企业的生产力必将被牵动、提升！

特里法则：主动承认自身错误

我们知道，人无完人，每个人都有自己的缺点，也免不了会犯错误。同样，领导者也是如此，即使管理着大小不一的企业或组织，也无法避免犯错。而面对这些错误，一个领导者能否沉下面子勇于承认，则体现了一个领导者的责任心。对此，美国田纳西银行前总经理特里所说：承认错误是一个人最大的力量源泉。这就是著名的"特里法则"，它讲的是因为正视错误的人将得到错误以外的东西；主动认错也比别人提出批评后再认错更能得到别人的谅解；犯一次错误不会毁掉你今后的路；真正会阻碍人生路的是那不愿承担责任、改正错误的态度。

在美国的新墨西哥州阿布库克市，有个叫布鲁士·哈威的人。一次，由于工作繁忙，他错误地核准并付给了一位请病假的员工全薪。

幸运的是，他很快发现了自己的这一错误，于是，他就打电话告诉这位员工，并解释说问题必须处理，也就是说，他要在这位员工的下一次薪水中扣除这月多支出的部分。然而，这位员工已经动用了这笔工资，为此，他表示，如果这样做，那么，下个月他将面临严重的财务问题，因此请求分期扣回多领的薪水。但这样哈威必须先获得他的上级核准，哈威自己做不了主。

"那好吧，但我必须请示老板，但这肯定会让他大为不满，实际上，这都是我的错，在没有找到任何的能解决这一问题的更好的方法前，看样子，我必须这么做，我也必须在老版面前承认。"哈威说。

随后，哈威来到老板的办公室，他很详细地跟老板说明了情况，不出所料，老板大发雷霆，先是指责人事部门和会计部门的疏忽,后又责怪办公室的另外两个同事,这期间,哈威则反复解释说这是他的错误,不关别人的事。

最后老板对他说:"好吧,这是你的错误。现在把这个问题解决吧!"这项错误最终改正过来,没有给任何人带来麻烦。自那以后,老板就更加器重哈威了。

勇于承认错误,哈威赢得了老板的信任。其实,一个人勇于承认自己的错误,不仅能在最短的时间内将问题的危害降到最低,进而为解决问题争取时间,还能消除一个人内心的某种罪责感,增添满足感。一个领导者的一次错误决策,很可能会给企业和员工带来某种损失,因此,勇于承认错误更有必要性。而相反,面对自己犯下的错误,企业领导者因顾及面子而不愿承认,有隐瞒错误的想法,但往往因这个错误而影响了企业的全局发展。

然而,现实的工作中,有很大一部分领导,在他们犯错误后,脑子里往往会出现想隐瞒错误的想法,害怕承认之后会失面子。其实,承认错误并不是什么丢脸的事,反之,在某种意义上,它还是一种具有"英雄色彩"的行为。因为错误承认得越及时,就越容易得到改正和补救。而且,由自己主动认错会比别人提出批评后再认错更能得到别人的谅解。更何况一次错误并不会毁掉你今后的道路,真正会阻碍你人生路的是那不愿承担责任,不愿改正错误的态度。

另外,下属对一个领导者的评价,往往取决于他是否有责任感,勇于承担责任不仅使下属有安全感,而且会使下属有所反思,反思过后会发现自己的缺陷,从而在大家面前主动道歉，并承担责任。

再者，领导这样做，表面上看，是自己承担了责任，会受到下属和上级的责怪，但实际上，它会起到很多意想不到的作用。道理很简单，假如你是个中级领导，你主动站出来为下属承担责任，那么，你的上司肯定也会反思，我是不是也有某些责任呢？一是企业内部这种互相自省的良好作风盛行，便会杜绝互相推委，上下不团结的局面出现，使公司有更强的凝聚力，从而更有竞争力。

那么，面对错误，领导者该如何做呢？

1.正视错误

在此基础上，你需要了解错误产生的原因以及找出解决现有错误的方法。

相反，如果你对产生的问题不予以重视，那么，问题只会朝着更恶劣的方向发展，同样，如果你找借口推脱，那么，你会犯更多的错误。

2.无论发现错误的人是谁，你都必须勇敢站出来，并坦白地承认自己的错误，而不是穷于应付。这样会得到大家的理解，并会得到大家的认同。

3.用行动表明你的态度

嘴上承认，不能表明什么，而要让别人看到你改正错误的决心，则必须从行动开始，这样，别人会从内心真正支持你。因为对错误给予及时改正，从根本上改变或弥补错误的行为或事实，才是最终目标。

第6章

人才管理，奖惩晋升要合理公道

在现代企业中，人才已经成为企业的核心竞争力，因此，在管理模式上，出现了由"以物为中心"向"以人为中心"转变的人本管理，它要求理解人、尊重人、充分发挥人的主动性和积极性。这是每一位企业领导者都应当明白的道理。因此，在人才管理上，领导者必须重视人才，以为企业网罗一流人才为己任，并遵循一定的管理之道，做到人尽其用，让每一个人才都能在自己的岗位上发挥自己的价值！

大荣法则：人才培养是企业生存的最大课题

古今中外，治国也好，治企也好，得人心者得天下，失人心者失天下，这是一个亘古不变的真理。我们常说，21世纪，各行各业的竞争，实质就是人才的竞争。的确，管理之道，唯在用人。人才就是效率，人才就是财富。在现在这个时代，人才可以说是最重要的，企业要做大，就要重视人才。人才是事业的根本。杰出的领导者应善于识别和运用人才。只有做到唯贤是举，唯才是用，才能在激烈的社会竞争中战无不胜。对此，有个著名的"大荣法则"。

号称日本两大百货公司之一的大荣百货公司创建于1957年。初创时的大荣公司只是大阪的一家小百货店，拥有职工13人，后来扩展到经营糖果、饼干等食品和百货，大荣公司的经营秘决是：重视对人才的培养，由此走上了成功的道路。大荣公司提出的"企业生存的最大课题就是培养人才"，被人们称为"大荣法则"。

现代企业的管理者也应该以大荣法则为管理范本，重视人才的吸取和培养。电影《天下无贼》里黎叔有一句经典对白："21世纪什么最贵？人才！"的确，如果修长城，人才就是基石；如果建大厦，人才就是栋梁；如果做企业，人才就是成功的保证。如果想把企业做大，不想当一个小作坊主，那就必须重视人才。无论干什么事业，人才都是成功的保障。我们再来看看刘邦关于用人的经典故事：

一统天下之后的刘邦，建立了汉室江山，已经高高在上的他一时兴起，大宴群臣，在宴会上，他乘着酒兴，问群臣："你们知道我为什么能够夺取天下，而项羽拥有那么强的军队反而失去了天下吗？"

这一问题一直是众大臣谈论的焦点，但似乎没有谁能得出定论，于是，大家开始七嘴八舌地讨论起来。

此时，有大臣答道："您治军严厉，甚至苛刻；项羽太讲仁义了。"

有的说："您最大的特点是，有功者赏，有罪者罚；而项羽嫉贤妒能，有功者害之，贤能者疑之。这就是您得天下而项羽失天下的原因。"

刘邦笑了笑说："你们只知其一，不知其二。我之所以能夺取天下，主要是因为我善于识人用人。要说运筹于帷幄之中，决胜于千里之外，我不如张良；要说管理国家，安抚百姓，做好军队的后勤保障工作，我不如萧何；要说统率百万之众，战必胜，攻必取，我不如韩信。这三个人是人中之杰，我能大胆地使用他们；而项羽有一个范增却不能用，这就是我能夺取天下，而项羽失去天下的原因啊！"

从刘邦的这一番话中，我们不难理解，他之所以能打败拥有百万雄师的项羽而成为一国之君，是因为他善于用人。作为领导者，实际上，并不一定要有深厚的专业技能知识，而是要有一定的才能，尤其是如何识人用人的才能。刘邦与项羽，一个是混于市井之人，一个是出身于官宦之家，一个不爱诗书，一个饱读诗书，表面上看，项羽占有了全部的优势，而刘邦则处于弱势，但最终却是刘邦一统天下，项羽垓下自刎。这其中的主要原因之一，我们归结起来，便是刘邦善于用人，精通识人之术，而项羽不会识人用人，最后只好演出了一场《霸王别姬》了事。

同样，纵观当今林立的企业，有的企业曾几何时多么辉煌，可是如今却昙花一现。原因何在？可以说，成功的企业都是一样的，失败的企业各有各的原因，但有一点是共同的，那就是在用人上都是失败者。"沉舟侧畔千帆过，病树前头万木春。"在折戟沉沙的企业面前，一批批企业巨轮扬帆远航，追循这些企业成功的足迹，它们无疑不是选人用人的成功者，无疑不是聚集了一批雄厚的人才。

因此，在企业的发展中，设备条件的提高远远没有员工素质的提高重要。要提高员工的素质，就要随时随地地开展员工教育与培训工作，启发员工的思想，更新员工的技术。人才建设是任何一个企业生存、发展的重中之重，没有了人才，一切都无从谈起，因此，对人才的培养事关企业的成败。

那么，具体来说，领导者该如何遵循大荣法则、遵循人才的培养呢？

一是创造良好的学习环境。二是建立完善的培训制度。三是与著名高校合作，共同培养人才。

这样能有效提高专业技术人员的业务水平，提高企业开拓国际市场的能力。

总之，"千军易得，一将难求"，人才的培养是决定企业生存和发展的命脉，企业的发达，乃人才的发达；人才的繁荣，即企业的繁荣。人才建设是任何一个企业生存、发展的重中之重，没有了人才，一切都无从谈起，因此，对人才的培养事关企业的成败！

苛希纳定律：每个人都在适合的岗位上

生活中，我们都有这样一种体会，同样一份工作，如果分工的人多了，就会产生冗余和互相推卸责任的现象。同样，现代企业中，很多管理者也遇到了类似的问题。对此，有些管理者提出了一个著名的苛希纳定律：如果实际管理人员比最佳人数多两倍，工作时间就要多2倍，工作成本就要多4倍；如果实际管理人员比最佳人数多3倍，工作时间就要多3倍，工作成本就要多6倍。这个定律是西方著名管理学者苛希纳研究发现的，故得其名。

管理大师杜拉克举过一个例子：他说，在小学低年级的算术入门书中有这样一道应用题："两个人挖一条水沟要用2天时间；如果4个人合作，要用多少天完成？"小学生回答是

"1天"。而杜拉克说，在实际的管理过程中，可能要"1天完成"，可能要"4天完成"，也可能"永远完不成"。

这道数学题同样证明了苛希纳定律：人多必闲，闲必生事；民少官多，最易腐败。由于实际的人员数目比需要的人员数目多，诸多弊端由此产生，形成恶性循环。

我们再来看下面一个管理故事：

有一家企业，想要提高生产效率，欲淘汰一批落后的设备。

于是，董事会一些高层领导者开会商议。

有人说："我们不能扔掉这批设备，应找个地方存放。"于是专门为这批设备建造了一间仓库。

又有人说："我们不能完全依赖防火栓，万一真的起火了，就麻烦了。"于是找了个看门人看管仓库。

又有人说："看门人没有约束，玩忽职守怎么办？"于是又委派了两个人，成立了计划部，一个人负责下达任务，一个人负责制订计划。

接下来，又出现了一些其他的声音。

"我们应当随时了解工作的绩效。"于是又委派了两个人，成立了监督部，一个人负责绩效考核，一个人负责写总结。

"不能搞平均主义，收入应当拉开差距。"于是又委派了两个人，成立了财务部，一个人负责计算工时，一个人负责发放工资。

……

一年之后，董事会说："去年仓库的管理成本为35万元，这个数字太大了，你们一周内必须想办法解决。"

于是，一周之后，这些人都被解雇了。

这个故事讲的是"苛希纳定律"现象。现代企业，这种现象有很多，企业内部通常都有一种不因事设人而因人设事的倾向，造成了企业机构臃肿、人员繁杂、效率低下、管理不严。其主要表现在：机构设置过多，分工过细；人员过多，严重超出实际需要。这种状况使企业难以摆脱多头管理、办事环节多、手续繁杂的困境，难以随市场需要随时调整经营计划和策略，从而使企业难以培养真正的竞争力。

苛希纳定律告诉所有的管理者：要想杜绝这种人员冗余和工作效率低下的现象，必须精兵简政，寻找最佳的人员规模与组织规模。这样才能构建高效精干、成本合理的经营管理团队。

那么，作为企业的管理者，如何做到人尽其用呢？

1.为你的企业"瘦身"

我们可以从苛希纳定律的现象中得出：要想减少工作时间和成本，就必须精兵简政，减少不必要的管理人员。

汤姆·彼德兹在其最近写的一本书中提到了"五人规则"，指的是营业额在10亿美元的企业配备5名管理人员就可以了。

美国通用汽车公司（GE）总裁约翰·史密斯说，通用汽车在欧洲取得成功，也正是因为他改变了以往的做法，采取了"瘦身"政策。

2.确定责任人的最佳人数

俗话说："鸡多不下蛋，龙多不下雨，人多瞎捣乱。"因此，确定责任人的最佳人数对企业精兵简政计划的实施和提高企业效率至关重要。

例如，对于完成某一件任务，如果是单个人被赋予这项任务，那么，责任感就会很强，并持有积极向上的态度。但如果接受任务的对象是某个群体，那么，一旦出现困难和问题，就可能出现相互推诿或者退缩的现象。之所以会有如此反差，因为前者独立承担责任，后者期望别人多承担责任。"责任分散"的实质就是人多不负责，责任不落实。

所以，管理者必须克服人多不负责的现象，建立和完善各种科学而严格的责任制。当然，这并不是否认"人多力量大"，不是主张一切工作都只能由一个人负责，也不是主张一切工作的责任人越少越好，而是要以实际情况为出发点，确定责任人的最佳人数。

特雷默定律：没有无用的人才

我们都知道，现代社会的竞争，其实质就是人才的竞争。一个国家如此，企业亦然。如何科学、合理、有效地唯才是用，是摆在企业各级领导面前的首要难题。然而，任何一家企业里没有无用的人才。对此，英国管理学家E·特雷默提出了特雷默定律。

这条定律的内容是，每个人的才华虽然高低不同，但一定是各有长短，因此在选拔人才时要看重的是他的优点而不是缺点，利用每个人最突出的才能再委以相应责任，使各安其职，这样才会使诸方矛盾趋于平衡。否则，职位与才华不能适合，使应有的能力发挥不出，彼此之间互不信服，势必造成冲突的加剧。在一个团队中，每个人各有所长，但更重要的是领导者能将这些人依其专长安排到最适当的职位，使其能够发挥自己所长，进而让整个企业繁荣强盛。我们先来看这样一则故事：

"哈佛"有句名言：只有无能的管理，没有无用的人才。要实现"人尽其才，才尽其用"，从事管理工作领导者必须努力成为善于开发人才资源的工程师。但同时，我们都知道，人无完人，每个人都有自己的缺点，但也有自己的优势，作为企业领导者，如果看不到一个人的优点而将其排入"无能者"的行列，这就犯了企业用人中以短掩长之大忌。"一叶障目，不见泰山"，就不可能达到企业人力资源的最优配置，为企业创造新高奠定最为稳固可靠的基础。只有做到用人之前先识人，从能力、个性、兴趣、经验等几个指标全面考察拟用人才，在此基础上，因人定岗，合理安排人才的岗位。

适才适岗是企业用人的最高原则。何谓"适才适岗"，就是将合适的人才安排到合适的岗位。而实际情况是当用人者为企业的一些岗位物色人选时总是竭尽所能、左挑右选，最终还是免不了留下遗憾。其实企业内并非所有的职位都得由优秀人才来担当。应该说企业是为合适的岗位寻找合适的人才，也就是寻找一种合适度。

那么，企业领导者该如何寻找这种合适度呢？

1.了解自己员工的长处和不足

要想使发挥员工在企业中充分效用，就必须先对员工进行一番了解，做到量体裁衣。而领导者若想知道员工有哪些特长、哪些不足，就要通过他们的履历表获得。因此，要想了解员工的特长，领导者应制定一份员工专长表。这样就会了解他手下有哪些的可供利用的人力资源。一旦有了新的任务，领导者就很容易地决定谁是最合适的人选。

2.要充分发挥员工的优点

在用人时充分发挥员工的优点，有利于提高执行的效率。同时，发挥优点也就意味着要避开劣势。如果从一个人的长处着眼，为使用对象提供和创造良好的条件，让他的长处得以充分发挥，那么这个人日益增长的优势就会填补缺陷或者抑制劣势。

3.要让每位员工都觉得自己很重要

当一个员工感到自己很重要，是企业不可或缺的一部分时，就会增加主人翁感，因为他在这里得到了尊敬和关怀。

在工作中，如果领导者们能使员工处处感受到尊严、被人尊重，那么，他们就会产生这样的温馨感觉：我很重要，对于企业是不可缺少的；领导既然这样尊重我，我就应该为企业努力工作。当然，如果让员工感受到自己很重要，还需要每一个领导者研究人际关系学。

4.适时升迁,使有希望的员工更加努力

任何一个员工,如果一直在同一个职位而没有升迁的机会,都会对工作失去积极性,因此,适时地提升员工,最能鼓舞员工的士气,也将带动其他同仁的努力。提升员工职位,应以员工的才能高低作为主要标准,年资和考绩应列为辅助标准。

总之,世上没有尽善尽美的人,每个人都有不足和优点,领导者选用一个人,主要是使他发挥自己的优点;至于他的不足,只要不影响工作,不影响他人积极性的发挥,就不要过于苛刻。领导者的任务是寻找员工的优点,在使用过程中,使员工尽其所长。

光环效应:正确全面认识人才

在日常生活中,我们常常会产生这样的错觉,比如,如果我们讨厌某个人身上的某种缺点,那么,我们很可能也否定了这个人;而如果倾慕朋友的某一可爱之处,就会把他看得处处可爱,真所谓"一俊遮百丑"。这种现象就是人们常说的"光环效应"。

"光环效应"最早的提出者是美国著名心理学家桑戴克,他于20世纪20年代提出这一效应。他认为,人们最初对于人和事的判断往往只是从局部出发的,就像日晕一样,是由一个中心点逐步向外扩散的,形成越来越大的圆圈,并由此得出整体印象。这是人们常有的以点代面、以偏概全的评价倾向。

这一效应表现在现实生活中，即如果认为某人具有某个突出优点，这个人就被积极肯定的光环笼罩，并被赋予更多好感；如果认为某人具有某个突出缺点，这个人就被消极否定的光环笼罩，甚至认为他的其他方面都不好。

可以说，管理工作中，晕轮效应的危害是一叶障目、以点代面、以偏概全，容易影响管理者对人才考核的准确性和对人才评价的可信度。

对此，我们不妨来看下面这个案例：

美国一个大型企业，准备在印度尼西亚建造一间化工厂，也投入了大量的资金。可是，应该由谁来管理这家工厂呢？总部的人考虑，应该找一名熟悉该项目的人负责，于是，他们将该工厂的重担交给了远在巴西另一家工厂的管理者。

此人在巴西业绩不错，并且长期从事技术工作，精通业务，按照常理来说，是可以管理好这家工厂，并把工厂的生意做红火的。但事实上，他是一个只懂得技术而不懂市场经济和公共关系的人，连起码的定价策略都说不出个所以然来。

然而，总部的人实在对此人太放心了，他们认为他来自发展中国家，熟悉这些国家的基本国情，又精于技术，应该能够处理好日常工作，因此就没派人前去主持全面工作。

无谓的"放心"酝酿了不良的后果，工厂迟迟不能开工，等开工后产品已经很难卖出去了，最后总部只好忍痛割爱，将这家工厂转移到了另外一个国家，但这期间的耗资已覆水难收。

从以上案例中，我们看到了一个企业因为对人才缺乏全面的了解而造成了巨大的损失。其中影响这家企业决策的就是光环效应。光环效应是一种认知偏差，不利于领导者全面正确地认识人才。比如，某个人才在技术方面有杰出的表现，未必就表示他在其他领域也有类似的杰出能力，领导者不要轻易地被这类人才的光环所迷惑。

实际上，光环效应是一种以偏概全的主观心理臆测，其错误在于：

第一，事物的内在联系与外貌特征并无多大的联系，但这一效应却把它们联系在一起，并断言有这种特征必然会有另一种特征；

第二，事物的个别特征并不能进行类推，证明有其它特征的存在，但这一效应却习惯以点代面评价这一问题；

第三，它过于绝对，并受主观偏见影响，它说好就全都肯定，它说坏就全部否定。

当然，我们不能否定光环效应也有一些正面影响，但此时，我们更不能忽略它的负面作用，因为，笼罩在光环之下的人或事物，一旦出现问题，引起的后果就有可能是毁灭性的。

那么，领导者在为企业选用人才的时候，应该如何避免光环效应的负面影响呢？

1.注意"第一印象"

根据首因效应，我们得知，人们往往对某个人的第一印象，都有先入为主的特点。在管理工作中，领导者也会经常凭第一印象来判定对方是否是企业需要的人才，当然，如果第一印象好，就会给以后的交往打下良好的基础。从这个意义上说，注意给人留下良好的第一印象是必要的。但初次接触，你所获得的关于对某个人或者某件事的判断材料往往是有限的，也是外在的，因此存在一定的虚假性。

因此，冷静、客观地对待第一印象，并在思想上具有否定第一印象的意识是非常重要的。

2.不要强加主观印象

事实上，有些领导者认为自己"阅人无数"，于是，他们很认同自己的主观感觉，比如，他可能总是看到人们好的一面，这是因为他本身就是一副菩萨心肠。而如果他总是从恶意的角度来评判一个人，他会认为他人是"别有用心"，这是因为他本人猜疑心重。因此，要想公正公平地评价一个人、避免各种偏见，从而为企业挑选到合适的人才，领导者必须克服这种主观印象。

3.避免"以貌取人"

前苏联心理学家鲍达列夫曾向72个人调查，他们是怎样理解人的外貌的。其中2人认为肥厚的嘴唇是憨厚朴实的标志，3人认为粗硬的头发表示倔犟的性格，9人回答方方的下巴是意志坚强的标志，宽大的前额是智慧的标志，14人认为肥胖表示心地善良等。

这个调查结果是有趣的，也具有一定的普遍意义。我们都知道，人们的这些心理特征是天生的，也是固定不变的，但却可以从中判断一个人的性格特征，而这正是这一调查结果的有趣之处。当然，这样的推断是含有很大的偏见成分的。

为此，领导者在识人的时候，只要确立不满足于表象，而注重了解对方心理、行为等深层结构，就能有效地摆脱外貌晕轮效应的影响。

总之，光环效应提醒从事管理工作的领导者们，在真正了解一个人前，切勿太轻信事先得到的信息，更不可凭一时的感觉。只有全面地了解人才、认识人才，才能有效地管好、用好人才。

蘑菇管理定律：遵循人才的成长规律

作为领导者，在从事企业管理的工作中，避免不了要与一些新人打交道。管理新人也是企业管理者必须面临的工作。我们发现，职场中的很多新人，常常被置于不受重视的部门，只是做一些打杂跑腿的工作，有时还受到无端的批评、指责，甚至代人受过，组织或个人任其自生自灭，初学者得不到必要的指导和提携，这种情况与蘑菇的生长情景极为相似。因此被人们称为蘑菇管理定律，它指的是组织或个人对待新进者的一种管理心态。

据称，"蘑菇管理定律"一词有这样一个来源：20世纪70年代，新兴了一个行业——电脑程序员，当时，人们对于这项职业的态度是怀疑、不理解甚至是轻视的，所以年轻的电脑程序员就经常自嘲"像蘑菇一样地生活"。因为他们的生存环境极为相似。

的确，面对初学者，因为缺少工作经验和能力，工作效率不高，很多管理者认为，他们并不能为企业带来多少效益，于是，对他们不闻不问甚至为其布置无关紧要的工作等，也不给他们提供学习和成长的机会。事实上，这些管理者没有认识到，任何人才的成长都是需要一个过程的，新人也需要一个不断学习的机会。卡莉·费奥丽娜的成功就说明了这一点。

卡莉·费奥丽娜从斯坦福大学法学院毕业后，第一份工作是在一家地产经纪公司做接线员，她每天的工作就是接电话、打字、复印、整理文件。尽管父母和朋友都表示支持她的选择，但很明显，这并不是一个斯坦福毕业生应做的工作。但她毫无怨言，在简单的工作中积极学习。一次偶然的机会，几个经纪人问她是否愿意干点别的工作，于是她得到了一次撰写文稿的机会，就是这一次，她的人生从此改变。卡莉·费奥丽娜就是惠普公司前CEO，被尊称为世界第一女CEO。

的确，作为新人，刚开始加入企业的时候，一定要从最基本的工作做起，就如同卡莉·费奥丽娜一样，但新人同样需要一个发展和表现自己的机会。而能否获得学习和历练的机会，决定权在于管理者。对此，华为董事长任正非就有一套属于自己企业的特殊管理方法。

任正非是著名的通信企业家，他创建的华为公司有着特殊的企业文化。

任正非非常倡导蘑菇管理，他提出"板凳要坐10年冷"，认为进入公司的年轻人需要有蘑菇的精神，有坚韧的精神承受各种考验。在冷僻的环境下，更要"耐得寂寞好读书"，冷僻的环境下，蘑菇容易生长，年轻人也应该有野心有耐心成长起来。所以，刚进公司的新员工，将承担很多繁重而且"表面上"不受重视的工作。

然而，任正非在招聘员工的时候，就注重选拔契合自己企业文化的员工，在新员工的培训方面，也注意开展艰苦教育，并由老员工现身说法。而且任正非提出"绝对不能冷落的雷锋"，在制度上和人力配备上，华为十分关注新员工的业绩。

所以，有了人力资源配备和业绩考核两个方向的支撑，蘑菇管理获得了极大的成功。实现了真正的有效激励和逆境教育的相结合。

从任正非的管理经验中，我们不难看出，他不但让员工接受"蘑菇经历"，更注重对员工能力的培养、关注员工的成长。

因此，作为领导者，应当从中得到一些管理启示，要遵循人才的成长经历，具体来说，需要做到：

1.认识到"蘑菇经历"对新人的重要性

蘑菇经历对于每个新人来说都是至关重要的，即使这是一个痛苦的过程，但只要经过这个阶段，就能"守得云开见月明"，就会熟练地掌握当前所从事工种的操作技能，提升一些为人处世的能力，以及挑战挫折、失败的意志，这也是最重要的。

因此，作为领导者，无论你为企业吸收到的是多么优秀的人才，你都应该一视同仁。刚开始的时候，你要让他们接受蘑菇经历，从最简单的工作做起，接受各种磨练和积累各种基层工作经验。

2. 不可拔苗助长

任何人的成长都需要一个过程，不是一蹴而就的，作为新人，对于工作的不熟悉、实践经验的缺乏等，都需要向前辈学习，也需要管理者的引导，而如果过早对新人委以重任，等于拔苗助长。因此，作为领导者，应该允许新人在工作中放慢脚步，遵循其成才的规律。

比如，当领导者为新人布置工作时，可以给予适当的指引，可以提供必要的手段，确保能够高效率地实现既定目标。

总之，领导者应该在为企业培养人才这一方面做到遵循蘑菇定律，不打压、不拔苗助长，让新人在不断的磨练中成长，从而为企业注入新的活力！

第7章
团队管理，凝聚力量创出合作的辉煌

团队合作就是竞争力。随着市场竞争的日益激烈，单打独斗的时代已经结束了，取而代之的是团队合作！企业更加强调团队精神，建立群体共识，以达到更高的工作效率。团队的组成不是一个人，如何让每个成员融入团队，和其他成员共同努力、精诚协作看起来很容易，可做起来却非常困难。对此，卓越的领导者的管理就显得尤为重要，当然，打造一支高效的团队绝非一朝一夕之事，需要领导者在具体工作中实施各种管理方法，从而将团队的力量发挥到最大！

米格—25效应：合力往往是惊人的

古人云："三个臭皮匠，赛过诸葛亮。"这句话是说，一个人的力量是有限的，而众人的合力可能就是惊人的。当然，要发挥众人合力的作用，团队成员必须做到人心所向，必须保证团队内部结构合理。同样，在现代企业中，管理团队的领导者们，在管理团队成员的时候，也要优化团队结构，从而集众人之力量发挥团队的最大力量。关于这一管理经验，有个著名的"米格—25效应"。

"米格—25效应"是指，事物的内部结构是否合理，对其整体功能的发挥影响很大。结构合理，会产生"整体大于部分之和"的功效；结构不合理，整体功能就会小于结构各部分功能相加之和，甚至出现负值。这一效应来源于这样一个真实的事件：

前苏联研制生产的米格—25喷气式战斗机，以其优越的性能而广受世界各国的青睐，然而，众多飞机制造专家却惊奇地发现：米格—25战斗机所使用的许多零部件与美国战斗机相比要落后得多，而其整体作战性能达到甚至超过了美国等其他国家同期生产的战斗机。

造成这种现象的原因是，米格公司在设计时从整体考虑，对各零部件进行了更为协调的组合设计，使该机在升降、速度、应激反应等诸方面反超美机而成为当时世界一流。这一因组合协调而产生的意想不到的效果，被后人称之为"米格—25效应"。

恩格斯讲过一个法国骑兵与马木留克骑兵作战的例子：骑术不精但纪律很强的法国兵，与善于格斗但纪律涣散的马木留克兵作战，若分散而战，3个"法"兵战不过2个"马兵"；若百人相对，则势均力敌；而千名法兵必能击败一千五百名马兵。说明法兵在大规模协同作战时，发挥了协调作战的整体功能，说明系统的要素和结构状况，对系统的整体功能起着决定性作用。

成功学大师拿破仑·希尔曾认为，"集思广益"是人类最了不起的能耐，不但可以创造奇迹，开辟前所未有的新天地，还能激发人类的最大的潜能。常见的情况是，人们在思想的交流与碰撞中，一次就有可能产生一人10次才能完成的思考和联想。这方面成功的例子是绿茵场上的德国队：

德国球员就像军人，纪律严明，谨慎细致，不管是在落后、领先还是僵持的各种情况下，总是保持着统一的基调，按部就班地寻找机会，不到最后一刻绝对不放弃比赛。英格兰前著名先锋莱因克尔曾说过："足球就是11人对11人的运动，最后取得胜利的总是德国人"。荷兰教父克鲁依夫也这么说过："都说荷兰是飞人，但是真正能跑的是德国人，他们简直可以不停地以一个频率奔跑。"这两位都曾经是德国队的有力对手。靠团队协调，德国队屡屡创造骄人战绩。

在一个出色的足球队中，每个球员不一定是最优秀的，但这个足球队的搭配和组合一定最优秀的。管理企业也是同样的道理。如果不能保证每个员工的能力是最优秀的，但至少要保证所有的员工都是齐心协力的，企业这个有机体是协调的、顺畅的，而不是部门之间存在内耗，因为员工的不团结常常会抵消大部分人的功劳。最成功的管理者，不一定是最优秀的行业专家，但一定是最优秀的团队带头人和协调员。

因此，我们可以发现，米格—25效应在实际应用中是1+1>2还是1+1<2，取决于一个组织结构能否充分发挥团队效能，能否让团队中每个成员的力量所产生的合力远远大于个体简单的相加。

人与人的合作不是人力的简单相加，而是复杂和微妙得多，人与人很像方向各异的能量，相互推动时事半功倍，相互抵触时则一事无成。而团队很容易患上五种机能障碍：缺乏信任、惧怕冲突、欠缺投入、逃避责任、无视结果。它们并不是相互独立的，实际上它们会产生连锁反应，共同形成一个模式，这使得它们每一种都可能成为团队的致命杀手。

对此，团队领导者需要做到以下几个方面，以凝聚团队成员：

1.激励

合理、恰当地应用激励方式可以增强团队凝聚力，为此，领导者可以搞一些团队拓展培训，使成员在团队活动中体会到团队的重要性和团队凝聚力；多开展一些积极的团队竞赛活动，通过参与竞争来增强团队凝聚力。

2.领导方式民主化

作为领导者,你应该鼓励团队成员多发表自己的意见和看法,在团队决策上应共商共议,力求最大限度反映民意,切忌独断专行,做到领导方式上的民主化,这对于增强团队成员与领导者间的情感是极为有利的。

3.沟通

任何时候,领导者都不能忘记沟通对于团队凝聚力建设的重要性,所以领导者一定要保证在团队内部有足够的沟通时间、适宜的空间或渠道、良好的沟通氛围。

4.规范

在管理团队上,有无一定的规范,也会影响到团队凝聚力的形成与发展,如果制定有效合宜的团队规范,会在一定程度上约束成员的行为,使成员行为最大限度地指向团队任务。

总之,团队领导者应明确自己的角色,逐步加强与团队成员的关系,善于激励别人,建立友好关系,要用不同的方式和不同的人打交道;要明确团队目标,协调人际冲突,增强团队成员间的信任关系;团队领导者还要认真规划未来,培养下属,让新成员快速融入团队。

华盛顿合作定律:团队需要的是和谐

现代社会,没有人可以单枪匹马闯天下,合作是每一个人都必须学会的一项技能。而任何一个企业管理者，也都认识到了团队合作对于企业发展的重要性。俗话说，一个好汉三个帮，集体的智慧是无穷的。但合作的结果不一定是双赢，如果每个人都劲儿往一处使，最后就会产生出大于每个人的力量的结果，反之，如果敷衍了事，不负责任，互相推诿，就会导致一事无成，甚至造成一些不必要的损失。这就像装在篓里的螃蟹一样，这些螃蟹之所以没有一只能够逃脱，就是因为它们总是窝里斗，看不得他人出头。这就是华盛顿合作定律。

华盛顿合作定律告诉参与团队管理的领导者们：缺乏团队协作只会使得团队进度缓慢、甚至使整个项目失败。但团队一定要有合适的团队协助方式。团队只有建立明确的管理制度，明确个人的职责和分工，并且团队之间增强沟通与协调，这样才能使得效率提升、事半功倍。

我们都知道，初中物理中有个这样的定律：作用于同一物体上的几个力的方向相同时，其合力就是这几个力的相加；若作用于同一物体上的几个力方向不同，其合力就会比这几个力的总和少。

事实上，人与人之间的合作也与力的作用极为类似，但又比普通的力的简单相加复杂和微妙得多：假定合作的人有五个，假定每一个人的能力都为1，那么五个人的合作结果有时比5大得多，有时甚至比1还要小。人就像那些方向不同的力，相互推动时自然会事半功倍，相互抵触时则一事无成。

我们来看看被人津津乐道的"有人落水事件"：

有人落水了,有个旁观者,他本想下去救人,但此时,他居然犹豫了,因为他看到其他的旁观者都在场,于是,他转念一想:"很多人都看到有人落水了,又不是我一个人看到,总会有人下水救人的,我还是等等看。"

犹豫之间,落水的人被水吞没了。仍然没人下水,这个旁观者很内疚,但此时,他转念又一想,安慰自己道:"要责怪,要内疚,要负责任,我也应该和其他旁观者一同分担,没什么大不了的。"于是他坦荡荡地走开了。

就这样,一桩桩"见死不救"的事件发生了。这类事件发生的原因之一,正是"旁观者效应",与人们通常理解的世态炎凉、人心不古或社会冷漠等没有太大的关系。

这里,如果把下水救人当成旁观者的一次合作,那么合作的失败导致了华盛顿合作定律的产生,而这里的关键原因是"旁观者效应"。因为旁观者多,分散了每个人应该负有的责任。

对此,我们不难想到,要想避免悲剧发生,避免合作失败,最关键在于明确责任,让每个人都有责任感,这样才会产生行动的推动力,才会把该做的事情做好,而不是推卸责任、自我宽慰。

事实上,在企业的任何一个团队中也是如此,任何一个团体都免不了存在勾心斗角,即"办公室政治"。甲今天说了几句不该说的话让乙很没面子,下次乙找个机会打甲的小报告,却被甲的朋友丙听见了,丙在工作中就故意使绊子,这样又无意中损害了丁的利益——这个打结的线团会越缠越大。"办公室政治"

是引起内耗的主要原因，也是华盛顿合作定律的最直接表现。

那么，作为领导者，在管理团队的过程中，如何克服这一定律带来的不利影响呢？

1.设定目标，明确分工

分工明确的好处在于：可以让团队中的每一个人都知道自己该做什么、要达到什么效果、完成任务的限定日期是何时等，同样，还能避免工作过程中可能出现的人员闲置和资源浪费的问题。而作为领导者的你，如果不知道如何分工才公平公正的话，你可以尝试为每一个任务都指定一个负责人，这是最简单的方法了。

2.说话时多使用"我们"

作为领导者，你是团队的核心，你说话、做事的方式如何，都关系到团队成员的工作情绪。因此，为了增强团队的凝聚力，你可以在说话的时候，多使用"我们"这个代词，不要使用我、你、他或者直呼姓名，同时，要鼓励你的团队成员也这样做。

3.鼓励团队成员多交流

作为领导者，你需要加强团队成员的交流，这种交流可以扩大到除了工作以外的时间，比如，你可以不时地安排一些聚会或者组织素质拓展训练，此外，一起吃饭、打球，都是很好的加强团队成员间交流的方法。

千万不可小看这一点，团队成员日常生活中交流得如何，直接关系到他们在工作中的默契程度，如果他们之间平时就有默契的话，在工作时的表现就更容易提高。

4.让每个人都感觉到自己很重要

一个人一旦觉得自己不重要，往往会非常沮丧，从而失去激情，这会导致工作效率和创造力的显著下降。因此，领导者要让你团队中的每一个人都感到自己很重要，这样他们做起事来更有成就感，也更有紧迫感。

总之，华盛顿合作定律揭示了合作中的冲突、无效的原因，但我们同样可以看到当众人齐心协力完成某件事情的时候，每一个参与者都会感到自豪，找到了合作的乐趣甚至长期的伙伴。而领导者是团队的核心，是从全局把握整个团队方向的人，只有为团队营造和谐的氛围，才能真正发挥团队合作的优势作用！

破窗效应：修正不良行为要及时

我们在日常生活中，可能有这样的体会：在无人的情况下，敞开的大门或者桌上的财物，会使得人们心生贪念；对于某些违反规定的行为，在有关组织没有进行处理的情况下，必定会再次出现；员工工作懒散，没有积极性，领导没有加以重视，那么，员工的懒散行为就得不到制止；等等。在干净的街道，人们不会扔垃圾；在安静的图书馆，人们不会大声喧哗；洁白的墙壁，人们不会去涂鸦；修剪整齐的草坪，人们不会随意踩踏；进入别人一尘不染的客厅，你会自动套上鞋套或脱下鞋子……这就是美国的政治学家威尔逊和犯罪学家凯林提出的"破窗效应"。

所谓"破窗效应"，是关于环境对人们心理造成暗示性或诱导性影响的一种认识。

美国心理学家詹巴斗曾经做过一个实验室：有A、B两辆完全相同的汽车，詹巴斗对它们进行了不同的处理，A车完好无损地被停放在秩序井然的中产阶级社区，而B车则被他摘掉车牌、打开顶棚，停放在相对杂乱的街区，然后观察这两辆车会有什么变化。

结果发现，一周后，A车仍完好无损，而B车不到一天就被偷走。随后，他将A车敲碎一块玻璃，仅仅过了几个小时，它也消失不见了。

基于这一实验，美国学者威尔逊和凯林提出了"破窗效应"：

一栋建筑物上，如果有一个破窗，并没有及时得到修补，那么，看到它的人可能会得到某种暗示性的纵容，去打碎更多的玻璃，并且，人们对于这一行为并没有多少负罪感，这种心理感觉甚至会诱导犯罪行为的滋生和蔓延，使社会秩序遭到破坏。

实际上，"破窗效应"不仅适用于社会犯罪心理和行为上的研究与思考，其道理对于社会各行各业的情况也同样成立。某种不良环境因素一旦出现，就会对人们形成一种错误的暗示，因此，如果这个破窗不及时加以维修的话，可能打碎"窗户"的人会更多，甚至引发严重的危机。事实上，现实社会中出现的很多问题，往往存在着一定的从众心理，所谓"谎话重复一千遍就是真理"、"墙倒众人推"等俗语，在一定意义上也表现出了与"破窗效应"相似的意思。

同样，在管理工作中，领导者对于那些看似个别的、轻微的违反管理规定的团队成员，必须采取严格管理办法。俗话说，"千里之堤，溃于蚁穴"。如果不及时修好第一扇被打碎玻璃的窗户，就可能带来无法弥补的损失。我们来看看下面的案例：

美国有一家规模不大的公司，但在管理上极其严格。在这家公司的车间，有个比较资深的员工叫汤姆。一直以来，他的工作效率都很高，也深受老板的赏识。

这天，他和往常一样，来到车间，开始在切割台上工作，一会儿，他就把切割刀前的防护挡板卸下放在一旁。没有防护挡板，会使他取零件时更加方便，因此，工作效率也就高了很多，但也埋下了安全隐患。

当汤姆正在为这一聪明的举动而高兴时，车间主任走了进来，将汤姆逮个正着。主任雷霆大怒，令他立即将防护挡板装上，然后又训斥了半天，并声称要作废汤姆一整天的工作。

第二天一上班，老板就叫人通知汤姆去他办公室一趟，老板说："身为老员工，你应该比任何人都明白安全对于公司意味着什么。你今天少完成了零件，少实现了利润，公司可以换个人换个时间把它们补起来，可一旦发生事故，你将失去健康乃至生命，那是公司永远都补偿不起的……"

这天下班后，汤姆就辞职了，他悔不当初。

由此，我们可以说，汤姆老板的处置方法虽然有些严厉，但对于企业员工来说，却是一次很好的教育。因此，如果你是企业的领导者，第一个迟到的人一定要被处罚，否则别人会认为迟到不重要；浪费资源的第一次行为不制止，你的员工就会形成浪费的习惯；第一个上班玩游戏的人一定要批评，不然大家会比着玩；违反公司流程的第一次行为必须严肃处理，类似的行为才不会重复发生……

也许你还不太习惯，因为人们会说你"小题大做"，但"千里之堤，溃于蚁穴"，从这个意义上说，"从我做起，从身边做起"已不再是一句空洞的口号。

对于企业来说，"破窗效应"的隐患无时无刻不存在，因而"破窗效应"对企业形象的塑造、危机管理、企业文化建设、市场营销等多方面都有着重要、积极的启示和意义。

请记住：如果你是管理者，请及时修好"第一块被打碎的窗户玻璃"。小心你的玻璃被打得精光光！制度化建设在企业管理中已经是老生常谈了。但是，现实的情况往往是制度多，有效执行的少。长此以往，企业的发展会很尴尬。对公司员工中发生的"小奸小恶"行为，要引起管理者充分的重视，适当的时候要小题大做，这样才能防止有人效仿，积重难返。

大雁法则：精妙的合作是成功的秘籍

每年的秋天，我们都会看到这样一幅绮丽、壮观的画面：一群大雁结队往南飞，它们一会儿排成"人"字，一会排成"一"字，这阵容着实可与空军演习相媲美。于是，人们常常感到疑惑：为什么大雁南飞会有如此阵容呢？于是，学者们从社会学的角度对大雁展开了研究，研究结果发现，大雁群体具有很强的团队意识：

（1）它们在飞行时，都不是"各自为政"的，而是都愿意接受团队的安排，无论是哪种飞行队伍，它们都会自觉协助调整队形的建立。此时，假若有一只大雁因为飞行缓慢而掉队，它也会自觉并且努力赶上队伍。

（2）即使处于飞行优势，也就是不需要用力飞行时，大雁们仍会本能地拍打翅膀，这样做是为了为随其后的同伴创造有利的上升气流。别小看这小小的拍打，如果每只大雁都拍动翅膀，就可使整个队形的飞行效率提高75%。

（3）任何一只大雁都必须有很强的补位意识，而且，这一工作并不是由某些大雁完成的，而是由全体共同分担的。也就是说，如果头雁飞累了，疲倦了，那么，它会自动退到大雁队伍中，然后几乎在很难察觉的情况下，另一只大雁就会填补它的空缺，继续带领其他大雁飞行。

（4）可能你不明白的是，为什么队形后面的大雁会不断发出鸣叫，原来其目的是给前方的伙伴加油打气。

（5）大雁队伍中的每个成员都有患难与共的意识，不管队伍遇到什么不测，它们总是会互相帮忙。如果有一只大雁不幸受伤或者生病了，就会有两三只大雁脱离队形，靠近这只不幸的同伴，协助它降落到地面，无论这只大雁是死亡还是重回队伍，不到最后一秒，它们绝不离开。

这就是著名的大雁法则。大雁的精神就是团队的精神：相同的目标，明确的分工，协调的合作，有序的竞争，恰当的组合，宽阔的胸怀，无私的奉献。人们常问："一滴水怎样才能不干涸？"答案是"把它放到大海里去"。一个人再完美，也只是一滴水，而一个团队，一个优秀的、完美的团队才是大海。

团结就有力量，合作产生效益，分享有互补，团体是个体的归宿，个体是团体的基础，优秀的团体有利于个体的成长，优秀的个体有利于团体的壮大，这就是团队的精神。

古人云：人心齐，泰山移。"团结就是力量"，在面向市场经济转轨和国际竞争的大背景下，弘扬团队精神对于建设一个企业具有重要意义。唯有建立健全的团队，企业才能立于不败之地。

诚然，大雁的团队意识是出于动物的本能，但是这种本能是否能给组织、给企业的领导者以启发呢？

1.建立内心一致的团队

南飞的大雁，它们的共同目标就是要飞到温暖的南方，所有的大雁都会朝着这个目标飞翔。

同样，团队领导者建立愿望或共同愿景，使所有成员取得价值观的认同就很有必要。这是提高团队凝聚力的最佳途径。

我们很难想象，如果一个团队内部的成员都"各怀鬼胎"，真正的凝聚力何以形成？

2.提高组织（企业）的执行能力

南飞的大雁，它们的任务就是不断往南飞，即使飞行遇到困难，它们也会不折不扣地完成这一任务。

同样，团队里，并不需要每个人都是天才，但需要每个人都有强烈的责任心，都能对领导者布置的任务坚决、按质按量地完成，并做到细节的完善。

当然，确保任务完成的关键也是保证团队执行力的关键，还要在执行过程中明确为实现目标分哪几个阶段，并确定具体工作指标。

3.放手让员工有更大的发挥空间

团队协作中，我们经常会看到这样一些"保姆型"领导：他们看到员工能力不如自己，总是忍不住事事横加指点甚至事事代劳。殊不知，这种指点在团队成员看来或许是一种干涉。要知道，每个人都有自己的想法和做事的方法，如果领导者将自己的意志强加给员工，员工有可能变得消极怠惰、唯命是从，失去主观能动性，团队也不会有战斗力可言。

因此，领导者不妨把更多的精力用于拓展员工的发挥空间，激发他们的创造性，赋予他们充分的职权，同时创造出每一个人都能充分发挥自我的环境。虽然不能像大雁一样由群体来自觉承担领导工作,但充分的授权会增强员工的责任意识和为团队前赴后继的精神。

可见,团队成员在才能上是互补的。大雁的团队意识虽然出于本能,却能使人类得到启发:团队的力量是伟大的,如何打造一支足以让企业立于不败之地的团队应该成为企业领导人的战略目标之一。

木桶定律:取长补短,和谐发展

生活中,我们都有这样的体会,倘若有一个木桶,沿口不齐,那么,这个木桶盛水的多少,不在于木桶上最长的那块木板,而在于最短的那块木板。而要想提高水桶的整体容量,不是去加长最长的那块木板,而是要下工夫依次补齐最短的木板;此外,一只木桶能够装多少水,不仅取决于每一块木板的长度,还取决于木板间的结合是否紧密。如果木板间存在缝隙,或者缝隙很大,同样无法装满水,甚至一滴水都没有。这就是著名的木桶定律。

这是个简单得不能再简单的自然界现象,然而往往越简单的现象总是饱含更深层的道理。

同样,在团队中,每个成员正如这个沿口不齐的木桶,任何个人都在不同程度上存在着缺点和不足,他们在专业知识、技能方面的水平是参差不齐的,任何一个区域都有"最短的木板"。他们各司其职，一旦某个环节出现问题，整个团队必然会受到影响。而作为管理团队的领导者，在察觉到这一问题后，若听之任之，那么，就会导致整个团队原地踏步甚至每况愈下。与木桶定律具有相同含义的，还有这样一个故事：

在古希腊神话中，有一位著名英雄——战神阿喀琉斯，传说他有刀枪不入之身，全身唯一致命的弱点是他的脚后跟。阿喀琉斯长大后，在特洛伊战争中屡建功勋，所向无敌。后来特洛伊王子知道了他这个弱点后，就从远处向他发射暗箭，这一箭正好射中阿喀琉斯的脚后跟，这位大英雄瞬间毙命。

这位大英雄的死，缘于自身的唯一不足，但正是这一点点的不足却导致了悲剧的发生。

同样，作为一个团队，团队的每一个成员都应该精诚团结，齐心协力，相互学习，取长补短。只有这样，个人才能在团队中发挥更好的效用，团队才能均衡发展并为个人提供更大的发展空间。而要做到这一点，团队领导者起着很重要的作用。

而实际上，很多领导者在管理团队的时候，往往更注重对那些"长木板型"员工的利用和开发。这样做，只能打击整个团队的士气，尤其是那些短木板型员工，他们会丧失信心，同时，整个团队会显得越发不平衡。而且实践证明，那些长木板型员工，很难服从团队的决定。因为他们觉得自己和其他人的起点不同，他们需要的是不断提高标准，挑战自己。所以，虽然"长木板板型"员工的光芒很容易看见，但占公司人数绝大多数的其他员工也需要鼓励。

127

我们再来看看下面这管理案例：

华讯公司，有一个员工，他与他的顶头上司——一个部门主管关系不太好。他在工作时的一些想法总被否定，为此，他失去了工作兴致。

刚好此时，摩托罗拉公司要从华讯借走一名员工开展市场服务工作。于是，华讯的总经理考虑到这位员工和主管的关系只会影响到工作，便派这位员工去了。能换一个环境工作、又能大展自己的拳脚，这位员工很高兴。离开华讯之前，总经理对那位员工只简单交代了几句："出去工作，既代表公司，也代表个人。怎样做，不用我教。如果觉得顶不住了，打个电话回来。"

一个月后，摩托罗拉公司打来电话："你派出的兵还真棒！""我还有更好的呢！"华讯的总经理在不忘推销公司的同时，着实松了一口气。这位员工回来后，部门主管也对他另眼相看了，他自己也增添了自信。后来，这位员工对华讯的发展做出了不小的贡献。

这个案例说明，注意对"短木板"的激励，可以使"短木板"慢慢变长，从而提高企业的总体实力。可见，团队管理中，领导者不能把眼光局限于个体的能力和水平，更应把所有的人融合在团队里，科学配置，好钢才能够用在刀刃上。木板的高低与否有时候不是个人问题，而是组织的问题。

那么，作为领导者，该如何让整个团队和谐发展呢？

1."取长补短"

这需要你加强对全体员工的教育和培训，取长和补短必须同步进行，否则，是很难提高工作整体效率的。只有让员工的专业和技能"均衡发展"，才能提高团队的整体战斗力，才能在竞争中不被淘汰。

2.想方设法提高所有板子的长度

这一点，是在对员工实行"取长补短"的基础上进行的，因此，只有让所有的板子都维持"足够高"的高度，才能充分体现团队精神，完全发挥团队作用。

当今社会竞争之激烈，各行各业的领导者已经意识到，任何一个企业或团队，只要有一个人的能力不足，那么，就可能导致整体目标无法实现。而若想每个员工都更高、更强，同样需要提高所有成员的竞争力，然后将他们的力量有效地凝聚起来，最好的办法就是对员工进行教育和培训。企业培训是一项有意义而又实实在在的工作，许多著名企业都很重视对员工的培训。

总之，任何一个团队的领导者，都必须重视团队中的每一个成员，并努力帮助团队成员提高自身实力，从而更好地为团队服务！

第8章
效率管理，高效行事创造良好业绩

英国著名作家肖伯纳曾说过：世界上只有两种物质：高效率和低效率;世界上只有两种人：高效率的人和低效率的人。效率是领导者做好管理工作的灵魂，事实证明，一个工作效率高的公司一定是一个充满活力、快速成长的公司。一个工作效率高的领导者也势必能为企业带来更多的效益。而如何做到效率管理，依然需要领导者关注人的因素、有效管理时间、把握工作重点等。当然，在实际的操作过程中，还需要领导者依据具体情况而定。

黄金三小时法则：最好的时间段

作为企业的领导者，你是否发现，你的工作越来越忙了？你出席的会议更多了？你是否在办公桌上吃午饭？你甚至连假期都被占用了？当其他人提起"事半功倍"这一词时，你是否由衷地感到厌恶？"难以为继"这个词是不是形容了你目前的状态？的确，任何一个领导者，都希望自己能高效地工作。那么，怎样才能高效工作呢？对此，有个著名的黄金三小时法则：

黄金三小时法则认为：一天之计在于晨，对于每个人来说，早晨5～8点是人一天中效率最高的三小时。因为早晨人们刚刚起来，头脑最清醒，注意力也最集中，周围的环境是最安静的，因此，如果在这段时间工作和学习，那么，一个小时就可能完成三小时的任务，如果你能早早起床开始工作，你甚至能在正常的工作时间来临前完成一天的工作，这样即将开始的一天就是你多赚出来的。

黄金三小时法则告诉所有的人，我们应该掌握提高工作和学习的方法，那就是利用一天中效率最高的时间段来完成一天的工作，这样，你就会做到事半功倍。

当然，由于个体存在差异性，每个人的生物钟是不同的，因此，你的黄金三小时对于美国人来说，也都是不同的。但这并不影响此法则作用的发挥。我们应该在生活中多体会，以便找出自己的黄金三小时并利用好它，达到三小时等于一天的效果。

同样，黄金三小时法则还可以进一步扩展，我们可以把每星期的第一天作为黄金时段，处理完一星期最重要的工作，把每个月的第一星期作为黄金时段，处理完一个月最重要的工作。如果你做到了这一点，你就抢占了时间争夺战中的每一个制高点，并获得了一支强大的时间预备队，无论将其使用到哪一个方向，都会在那里取得压倒性的优势。

企业领导者应当从这一法则中有所领悟，一个善于管理企业和员工的领导者也应当是善于管理时间的人。有效利用时间，不是成为时间的奴隶，而是实现自己的人生目标。能否实现高效率工作完全取决于能否成功管理自己的时间。而善于管理时间的领导者，并不是事必躬亲、眉毛胡子一把抓，而是懂得择优处理的原则，正如这一法则提醒我们的，在最佳的时间内完成最重要的工作。可能所有的领导者都羡慕这样的管理生活：

有这样一位陆军中校，他叫蓝迪。他所在的管理咨询公司中，除了创立者以外，他是唯一不是工作狂的人。后来他来到一个遥远的国家，创办了自己的公司，这家公司成长很快。这家公司的员工也都来自家乡，他们工作起来很努力、认真。作为他的员工，他们都很羡慕蓝迪，因为蓝迪每天除了参加重要客户的会议外，其他事务则授权给年轻合伙人处理。

蓝迪虽是公司领导者，却不管任何行政事务。他把所有精力拿来思考如何在与重要客户的交易中增加获利上，然后再安排用最少人力达到此目的。蓝迪的手上从不曾同时有三件以上的急事，通常一次只有一件，其他的则暂时摆在一旁。为蓝迪工作的人在时间效率上充满挫折感，因为同蓝迪比起来，他们的效率实在是太低。

可以说，蓝迪就是个工作效率高的领导者。和蓝迪不同的是，很多企业领导者每天不得不面对繁忙的工作，还有来自公司、同事及下属的压力。各方面的压力使他们疲于应付，抽不出时间做真正该做的事：解决根源性问题、统筹布局、培养下属。压力还使他们心力交瘁，持续处在焦虑状态之中，在工作中难以发挥最大成效。

其实，早在1968年，美国麻省理工学院一位研究人员就对时间的利用问题进行了一次大规模的调查研究。他先后调查了美国的3000名职业经理人，从中发现，凡是成功的经理人都能做到这样两点：一是限定自己的工作范围，不把手伸得过长，把职责内的工作尽量做好；二是合理安排时间，使时间的浪费减少到最低限度。

那么，根据黄金三小时法则，企业领导者如何在最好的时间段将工作效率发挥到极致呢？

1.在最优的时间段处理最重要的事情

很多人都习惯眉毛胡子一把抓，他们认为，所有的事都稻重要，有时候会为了一件小事不停地演算、求证等，但最后才发现，这件事情对他今天的工作是无关紧要的，根本不值得花很多时间去处理。因此，在日常生活中，我们应该分清主次，在最优时间段内处理最重要的事。

2.审视自己，找到适合自己的"黄金三小时"

一般来说，企业总是设定时间卡、工作时数、时间钟点如早九晚五等，就等于说花在办公室的时间比工作更重要，而这样则是降低了工作效率，而不是真实的工作效率。对此，微软公司实行的"工作任意小时"是让员工在状态最佳的时候工作，提高了工作效率。

同样，很多企业管理者在取得事业成功的过程中都付出了大量的汗水，对时间的珍惜和利用程度都比一般人要高出许多，因此他们认为自己就是一个有着很强时间观念的人。而实际上，他们并不知晓真正属于自己的"黄金三小时"——工作效率最高的时间段，而如果他们能找出这一时间段，那么，便能让自己手中流逝的每一分钟更加充满高效能。

总之，企业领导者应提升自己管理时间的意识和增加自己的有效时间，让自己和企业都形成注重细节的好习惯，从而让企业的时间资源得到更为高效的开发和利用，让企业抢占到市场先机，获得大量的市场份额，实现企业的赢利目标！

化繁为简：简化管理，效率自然提高

对于管理的定义，可以说是百家争鸣，但无论是科学管理，还是目标管理，任何一个学派揭示的都是管理学的一个方面的属性，这都不能否定管理的最终根本目的——提高效率。的确，任何一个企业的管理者都熟识这些管理理论，但事实上，并不是所有的管理者都能做到高效管理。曾经有这样一句话"经营好的企业意味着赢利，管理好的企业意味着健康，文化好的企业意味着快乐"那么，什么才是健康的管理呢？

一个健康的管理便是企业员工人尽其才的管理。这就如同一个交响乐团，其中的任何一个人，都知道自己在什么时候做什么事情，那么乐队指挥就会得心应手。同样的道理，只要我们的员工在工作的链条上不需要提醒和监督就能默契配合，知道该在何时做何事，那么，我们企业内部的自然秩序也就形成了，工作就变得像呼吸一样自然，管理也就变得简单了。

事实上，很多企业领导者为了做好管理工作，为了尽力提高管理水平，都希望通过建立一套完备的管理体系，都会制定大量的规章制度、工作目标、操作准则和行为标准，而事实上，这些规章条例似乎总是在约束员工。为此，很多被管理者提出了这样的疑问：领导者到底是希望我们提高工作效率呢，还是希望我们搞好内部团结呢？到底是在搞管理呢，还是创花样、赶时髦呢？领导者将管理变得如此品种繁多、复杂，事实上，也确有跟风、盲从的嫌疑。对此，我们先来看看下面这个故事：

有这样一个有奖征答活动，题目是：一次，三个人一起坐热气球旅行，这三个人都是关系人类命运的科学家。第一位是核子专家，他有能力防止全球性的核子战争，使地球免于遭受灭亡。第二位是环保专家，他可以拯救人类免于因环境污染而灭亡。第三位是粮食专家，他能在不毛之地种植粮食，使几千万人脱离饥荒。到一半旅程时，却发现热气球充气不足。就在那一刻，热气球即将坠毁，必须丢出一个人以减轻载重，使其余的两人得以存活，请问该丢下哪一位科学家？

因为奖金数额庞大，征答的回信如雪片飞来。每个人都竭尽所能地阐述他们认为必须丢下哪位科学家的见解。最后，结果揭晓，巨额奖金的得主是一个小男孩。他的答案是：将最重的那位丢出去。

我们在赞叹小男孩的机智灵活时，也不难得出这样一个结论：任何复杂的现象，其复杂的也只是表面，其实都有它一般性的规律，都可以找到简单的分析、处理方式。这就是化繁为简的过程，这个过程就是找寻规律，把握关键。同样，管理工作也需要化繁为简，当然，简单管理不是粗糙管理，而是找到规律，形成自然秩序。

我们都知道，读书是一个先繁后简的过程，也就是人们常说的"先把书读厚，再把书读薄"，其实，管理工作也像读书。管理之道，其本质就在于如何化繁为简和化简为繁，领导者如何平衡这二者，就是管理的度的问题了。将复杂问题简单化、简单问题复杂化，其实都是实现管理过程找寻规律和实现管理策略的具体过程，是协调统一的。宏观问题简单化、微观问题体系化，这就是成熟企业之美，也是大多数企业所追求的至高境界。

然而，实现管理的简单化却绝非易事，需要企业上下进行一次彻底的心理革命，尤其是企业领导团队必须具有将复杂问题简单化的能力，也就是一针见血地指出问题实质的能力，从而较快地寻找到管理的本质和规律，掌握化繁为简、以简驭繁的思想和技巧，深刻认识管理的核心要义。

那么，作为领导者，如何使纷繁复杂的管理变得简单而又有效率呢？

1. 把握关键

这需要管理者有发现规律的眼光，找到事物的本质，然后以战略的眼光去感知、把握和运用规律，这样，就能运筹帷幄，致力于培养企业的核心优势。

2. 集约高效

真正高效的、简单的运作才是有意义的，因此，你需要把复杂的问题简单化，在多类矛盾中驾驭主要矛盾提高效率。

3. 简中求变

企业领导者必须不断变革创新，适应环境变化，这里，你需要遵从"自然法则大于人为法则"的处事原则，把企业的运行基于"价值驱动"而非"权力驱动"。

4. 以人为本

尊重人的作用和价值，遵循"价值本位"、而不是"人情本位"和"权力本位"。

因此，"简化管理"并不是"不"管理或"懒"管理，而是一种追求系统化、规范化、细节化、流程化的管理思维和实践，在复杂精细和简单实用之间找到一个有机的结合点，跳出"为管理而管理"的怪圈，实现由"管人做好工作"到提高管理贡献率的转变。

责任到人，每个岗位都各尽其责

中国人常说："一个和尚挑水喝，两个和尚抬水喝，三个和尚没水喝。"其寓意是：办一件事，如果没制度做保证，责任不落实，人多反而办不成事。三个和尚为什么没水喝？因为三个和尚属同一种心态，同一种思想境界，都不想出力，想依赖别人，在取水的问题上互相推诿，结果谁也不去取水，以致大家都没水喝。其实，三个和尚也可以有水喝，只要稍加组织，订立轮流取水的制度，责任落实到人，违者重罚，这样就有水喝了。同样，在现代企业中，如果领导者在管理工作中不实行责任到人，同样会导致这种资源配置不合理，资源过剩的现象。

我们先来看看这样一个管理案例：

刘主任是一家食品公司的车间主任。从事这个行业以来，他一直兢兢业业，也深受上级领导的赏识和信任，但刘主任也有自己的苦恼：身为车间主任，原本他的工作是管理工人，但实际上，面对工人们的懒惰，他实在无法管理。

比如，上个星期一，他要去外地出差，临走之前，他交代员工要将客户催紧的一批货赶出来,并且要严把质量关。

刘主任心想,在他回来之前这批货应该出厂了。但情况再一次出乎他的意料,当他回到公司以后,发现这些工人不但没有赶工,反倒去忙自己的事情了。气急了的刘主任问员工小王:"我交代你的事情你做好了吗?怎么有时间玩手机?"

"是吗?这批食品不一直都是A组负责吗?"小王很诧异地回答道。

刘主任又找A组的小秦,没想到小秦的回答是:"您出门之前不是找B组的人谈话了吗?"

此时的刘主任已经什么都不想说了,现在他能做的,就是拖着疲惫的身体替员工干活。

刘主任的管理方法中,哪些地方出现了问题?首先,他是一个管理者。什么叫管理者?通俗的说法是:"管理者就是自己不干事,让别人拼命干事的人。"管理者要通过别人来开展工作,因为一个人的时间、知识和精力都是有限的。即使管理者自己可以更好、更快地完成工作,但问题在于你不可能亲自去做每一件事情。其次,他在授权的时候,没有将责任明确化。这也是导致员工工作效率低下的主要原因。员工责任不明确是信息不畅通的根本原因。如果刘主任在出差前能将具体的工作任务安排到每个人身上,比如,某位员工负责生产,某位员工负责质检等,那么,很多问题就可以避免了。

为此,作为企业领导者,如果想提高员工的工作效率,避免出现责任推诿的现象,就应该从明确责任开始,光停留在口头上不行，还必须要做到：

1.建立规范，细化责任

领导者布置的任务，有时候，并不是由一个下属来完成，此时，一定要责任明确，不能有重叠的部分。

要做到这一点，领导者可以通过订立严格的管理制度，以规范员工的行为。这样，每个岗位上的员工都清楚自己的任务，该干什么，该怎样干，该向谁汇报工作等。

建立合理的规范，员工就会在规定的范围内行事。

2.不应干涉员工完成任务的方法

作为领导者，你的工作就是分配任务，然后关注员工完成的结果，而不是干涉员工完成任务的方法。简单地说，你只需要员工做什么和达到怎样的结果，而员工采用何种方法则由他们自己来决定。

真正的授权便是着眼于目标，并给员工完全的自由。实际上，员工对于如何达到工作目标是有自己的想法的，让他们自己作出选择，才可以增进领导者与员工之间的信任和相互依赖。

3.允许员工参与授权的决策

在授予每一项权力的时候，都应该与限制相伴而生，领导者对员工下放权力时，应该把权力范围限制在这一项任务上，而不是无限制的。

那么，员工完成这项工作需要多大的权力呢？该如何衡量呢？最明智的举措便是让员工参与到这项决策中来，让员工自己提出意见。但你还必须注意：人们都是希望自己的权力越大越好，但实际上，这会降低授权的有效性，此时，管理者把好关就显得更为重要了。

4.使其他人知道责任已经明确、授权已经进行

管理者对员工下放权力，不应当是私密的，而应该让其他人知道，因为授权的目的是完成任务，要完成任务，就必须会涉及其他人。不通知其他人很可能会造成冲突，并且会降低员工完成任务的可能性。

5.允许失败

任何人的成长、成功都离不开挫折与失败，员工只有在失败中，才能得到锻炼的机会。因此，作为领导者，不要因为员工失败就处罚他们。作为当事人，员工此时已经深感愧疚和难过了，你应该更多地强调积极的方面，鼓励他们继续努力。同时，帮助他们在失败中学会学习，和他们一起寻找失败的原因，探讨解决的办法。批评或惩罚有益的尝试的努力，便是扼杀创新，结果是员工不愿再做新的尝试。

提高主动性和做事效率

作为领导者，在日常工作中，你是否发现，你安排许多工作任务，有的员工会立马做好、汇报，然而有些则要在后面催，才能着手去做，甚至拖好长时间也不能把交代的工作处理好。可以说，员工工作效率低的主要原因之一就是工作积极性

第8章 效率管理，高效行事创造良好业绩

不高，这也一直是很多领导者头疼的问题。一个企业的兴衰成败因素固然很多，但归根结底无非"人"的因素。提高员工的工作积极性，有利于员工发挥聪明才智，能有效地增强企业的凝聚力和向心力，从而有效地提高企业的管理水平。进一步提高企业在市场经济中的竞争力。我们先来看看下面这个管理故事：

杨弘是一家上市企业的主管，在员工眼里，他就是个"魔鬼"，因为他总是压制员工，甚至希望员工们24小时为企业工作。但事实上，这些员工的工作效率并不高。

有一次，公司高层领导为杨弘所在的部门下达了一个任务，要求他们在五一节前策划出一个活动方案。对此，杨弘心想，这是一次在领导面前表现自己实力的大好机会。于是，他召集员工们开会，让大家在三天内交出策划稿。大家都知道，他们又要几个昼夜不眠不休了。

三天后，策划稿做好了，但质量实在让杨弘不能接受。他百思不得其解，这么强势的管理下，怎么工作效率还是如此低下呢？

杨弘的管理出了什么问题错误？很简单，强势的管理虽然让员工们听命于他，但却压制了员工们的工作主动性和积极性，这种工作状态下，员工们又怎么会高效率地工作呢？实际上，被尊重、被理解、被关心是人的基本需要，无论做什么工作，他们离开了对人的尊重、理解和关心，都不能取得好的效果。同样，我们的员工也是如此，只有当他们感受到被尊重、被理解，才会对企业、对管理者充满感激，也才会主动、

积极地工作。我们再来看摩托罗拉公司在提高员工积极性上的经验：

摩托罗拉公司非凡的总裁乔治·菲希尔1994年辞职去了柯达公司，引起了极大的震动，大家都为摩托罗拉担心。然而，事实上，人们所担心的事情在摩托罗拉并没有发生，它仍是那样的出色。大学商学院教授肖纳·佐伯夫解释说："这家公司是职权分散的公司，由几个相对独立自主的单位组成，公司并不要大家等候乔治总裁，大家都尽量做他认为是正确的工作。""每个职工每年必须至少在摩托罗拉自己的大学里花上40小时，以提高他们分析、解决问题的能力"。70年代被日本同行排挤得气喘吁吁的摩托罗拉，现在已令日本人自叹不如了。

可见，如何有效地管理员工，有效地激发员工的积极性，使员工更加忠诚于企业，尽心尽力地完成工作，这是每一个企业领导者迫切解决的问题。而在具体操作中，又该如何去做呢？

1.重视人的因素，尊重员工

企业领导者应该把员工当成企业的合作者，而不是制造利润、创造效益的工具，他们也应该受到尊重。

而尊重员工多半体现在对员工需求的满足程度上。领导者有必要合理地设计和实行新的员工管理体制，并将这种尊重员工的观念落实在企业的制度、领导方式、员工的报酬等具体管理工作中。

2.宽容对待犯错误的员工

一般来说，没有员工是故意犯错而希望得到上级的批评的，因此，对待犯错误的员工，不要一味地责备，而应该给予他们解释的机会，只有了解具体情况后，才能对症下药，妥善处理。

3.经常与员工交流，聆听员工的心声

有些领导者有强势作风，这对于果断、迅速地解决问题是有帮助的，但也会使管理人员听不进去他人的意见而导致一意孤行甚至决策失误。

在管理工作中，领导者能否倾听员工的心声也关系到员工积极性能否被激发。可想而知，若一个人的思想出了问题，还怎么能卓越地完成任务呢？因此，作为管理者，要经常与员工沟通，一旦发现问题，就应耐心地听取他们的心声，找出问题的症结，解决他们的问题或耐心开导，才能有助于管理目标的实现。

4.信守每一个对员工许下的诺言

作为领导者，可能你日理万机，可能你已经不记得曾经答应过某个员工某件事，或者你觉得这件事对于你来说根本不重要，但员工会记住领导者答应他们的每一件事。身为领导者，你的一言一行都会对他人产生或轻或重的影响，如果许下了诺言，就应该对之负责。如果你不能实现这一诺言，就必须向员工解释清楚。如果没有或者不明确地表达变化的原因，员工会认为领导者食言，如果这种情况经常发生的话，员工就会对你失去信任。

5.给员工发表意见的机会

实际上，这也是领导者尊重员工的一种体现。你要把员工当成企业的一份子，在企业决策上，也应该征询他们的意见，倾听员工的疑问，并针对这些意见和疑问说出自己的看法。什么是可以接受的？什么是不能接受的？为什么？如果你遇到了困难，那么，你应该告诉员工，你需要他的帮助。

6.表彰奖励

这是员工工作态度、能力的一种显现。奖励员工能激发他们更大的工作热情。但需要注意的是，表彰奖励员工，必须是公开的，否则，很容易引起其他员工的猜忌，也不能达到预期的效果。除了奖励标准需要公开外，你的态度也应该是诚恳的，不要做得太过火，也不要巧言令色。奖励的时效也很重要，要多奖励刚刚发生的事情，而不是已经被遗忘的事情，否则会大大减弱奖励的影响力。

总之，要有效地调动员工的积极性和创造性，必须综合发挥以上几个方面的作用，才能取得良好的效果。

80／20法则：做事抓住重点

在日常的工作中，很多从事管理工作的领导者发现，一些员工经常抱怨工作太忙，而事实上，他们一直在忙于做一些毫无成效的事情，比如，在办公室看电视、上班时间长时间打电话等，如果你也是这样的领导者的话，那么，你必须调整自己的工作状态，因为完成了那些不值得做的事情是不会给你的生活带来什么成功的。只有集中精力完成那些值得做的事情,才会高效地完成工作。无论何时,如果你为一些错误的事情而工作,那么无论你做了多少都是毫无价值的。如果说有某种必须遵循的法则能帮助你把生活调整到一个平衡的状态,那么它就是一百多年以前由意大利经济学家帕累托发现的80/20法则。

维尔弗雷多·帕累托提出:在任何特定群体中,重要的因子通常只占少数,而不重要的因子则占多数,因此只要能控制具有重要性的少数因子即能控制全局。

这个原理经过一百多年的演变,成为当今管理学界所熟知的二八法则——即企业主要抓好20%的骨干力量的管理,再以20%的少数带动80%的多数员工,以提高企业效率。当然,习惯上,二八定律讨论的是顶端的20%,而非底部的80%。

因此,你要在可以利用的时间里尽最大努力去工作,在最重要的事情上竭尽全力,而不要在不重要的事情上浪费精力。"学会在几件真正重要的事情上力争上游,而不是在每件事情上都争取有上乘表现的人,可以使他们自己的生活发生根本的变化。"同样,在管理员工时,领导者也应当尽量管理好企业的小部分骨干,什么工作都要抓,往往可能什么也做不好。实际上,每个人都至少可以消除一些低成果活动。没有人用最高的效率做事,从主观上看,消除低成果的活动是困难的,但如果你下定了决心,它就是有可能的。

事实上,许多世界著名的大公司也非常注重二八法则。

通用电气公司永远把奖励放在第一,它的薪金和奖励制度使员工们工作得更快、也更出色，但只奖励那些完成了高难度工作指标的员工。摩托罗拉公司认为，在100名员工中，前面25名是好的，后面25名差一些，应该做好两头人的工作。对于后面25名，要给他们提供发展的机会；对于表现好的，要设法保持他们的激情。诺基亚公司也信奉二八法则，为最优秀的20%的员工设计出一条梯形的奖励曲线。

威廉·穆尔是美国著名的企业家，他曾经在为格利登公司销售油漆时，头一个月仅挣了160美元。

之后的一段时间，他仔细研究了犹太人在从商上经常用到的"二八法则"，然后再将这一法则运用到自己的销售中，并分析了自己的销售图表，他发现自己80%的收益却来自20%的客户，但是他过去却对所有的客户花费了同样多的时间——这就是他过去失败的主要原因。

于是，他要求把他最不活跃的36个客户重新分派给其他销售人员，而自己则把精力集中到最有希望的客户上。不久，他一个月就赚到了1000美元。穆尔学会了犹太人经商的二八法则，连续九年从不放弃这一法则，这使他最终成为凯利—穆尔油漆公司的董事长。

从这里，我们发现，运用20%的时间和精力就能得到令人瞩目的回报。80/20法则不仅在经济学领域应用广泛，它对领导者的管理工作也有重要启示，让领导者们学会避免将时间和精力花在琐事上，要学会抓主要矛盾。一个人的时间和精力都是非常有限的，要想真正"做好每一件事情"几乎是不可能的，要学会合理分配我们的时间和精力。要想面面俱到还不如重点突破。把80%的资源花在能出关键效益的20%的方面，这20%的方面又能带动其余80%的发展。

按照事务的类型来安排时间。大致来说，事务可以分为四种类型，管理者应该根据每种事物类型来安排工作的先后顺序。

1. 紧急且重要

这类事指的是火烧眉毛之事，并且，关乎到企业的直接生产和收益，对于这类事，一般都不可马虎，在众多事中，必须首先集中精力处理。

一般来说，与客户洽谈业务、未按时交货、设备出故障、产品质量出现问题等都属于这一事务的范畴。

2. 紧急但不重要

对于接打电话、批阅文件、日常会议等事务，也需要管理者尽快处理，但不宜花费过多的时间。

3. 重要但不紧急

有些事务，诸如产品创新、人才培养、组织协调、远景规划等，看起来并不紧急，可以从容地做，但却是管理者要下苦工夫、花大精力去做的事，是管理者的第一要务。

4. 不紧急也不重要

包括无意义的会议和应酬等。对于这类事务，管理者可先想一想："这件事如果根本不去理会它，会出现什么情况呢？"如果答案是"什么事都没发生。"那你就应该放慢脚步甚至停止了。

当然，管理是一门科学，但它更是一门艺术，80/20法则运用到核心员工管理中还有许多值得探讨的问题，只有海纳百川敢于创新，才能在管理的实践中找到最佳的方案。在人力资源管理实践中，需要针对不同类型的员工实行分类管理，特别是对企业的核心员工，要结合80/20法则，从岗位安排、薪资设计以及离职管理等方面做好核心员工的各项人力资源管理工作。

第9章
制度管理，有完善的纪律才有预期的效益

随着时代的发展和周围环境的改变，现代社会，任何企业都开始意识到完善的制度在企业管理中的作用。而事实上，从我国企业的实践来看，对员工的管理激励与约束机制还没有很好地建立起来。如在一些企业中，不仅缺乏有效的培育人才、利用人才、吸引人才的机制，还缺乏合理的劳动用工制度、工资制度、福利制度和对员工有效的管理激励与约束措施。从这里，作为企业的领导者，应该认识到完善的企业管理制度已经是一项刻不容缓的工作！

扇贝效应：奖罚分明，做事才高效

我们发现，任何一家企业，无论是成功还是失败，都有其原因，并且有其共性的原因，成功的共性是企业员工工作积极性高涨；失败的企业也有共性，那就是大多企业员工积极性低。由此可以看出，员工工作积极性是企业成功的关键因素之一，而影响员工积极性的原因有很多，奖罚分明无疑是其中的一个重要因素。奖励和惩罚都是激励实施中不可或缺的手段，对员工的成长和发展都有积极的作用。

奖励是正面强化的手段，是对某种行为给予肯定，使之得到巩固和保持；而惩罚则属于反面强化，是对某种行为给予否定，使之逐渐减除。这两种方法，都是管理者驾驭员工不可或缺的手段。对此，有个著名的扇贝效应，它来源于这样一个故事：

美国心理学家斯金纳在他的白鼠实验中发现，如果每隔20秒就对白鼠强化一次，在强化后，白鼠的反应就会停顿，然后反应速度增加，在下次强化到来之前反应率达到高峰，说明它学会了根据强化的时间作出反应。白鼠的行为效率趋势就如扇贝一样，因此，我们称之为扇贝效应。

的确，现代企业中，任何组织、任何部门，为了调动员工的积极性，为了规范员工的行为，必须同时制定奖励和惩罚条例，并保证严格实行，不得轻视或取消任何一方。

员工都怀有被他人褒奖或认可的心理，所以会产生勇往直前的精神。褒奖与斥责可以指导他们不断作出回馈褒奖，或是不要再犯错误。

可见，适当的奖励对于员工树立自信心、不断追求上进可能带来奇妙的功效。小功不赏，则大功不立。奖励某一种行为，这一行为就频繁出现，这就叫做强化。强化分为多种方式。其中一种方式就是固定时间的强化，即每隔一定的时间，就提供强化物，强化做出的行为。

但是现实中的很多公司却不明白这个道理。比如，很多公司的奖惩制度上写着："所有员工应按时上班，迟到一次扣50元，如果迟到60分钟以上，则按旷工处理，扣100元"，因为有弹性工作制，即不强求准时，但是每天都必须有效地完成当天工作。但很多情况是，即使有人迟到、早退、被扣除工资，可在实际工作中很有可能并不是努力工作，其因扣除工资而产生的逆反心理导致的隐性罢工成本反而有可能高于所扣除的工资。从表面上来看，管理者似乎赚得了所扣的工资，实际上损失更多。所以说，这并不是一个有效的奖罚激励制度。

领导者要赏罚严明，善于通过奖励和惩罚这两种正、负强化激励手段，来达到鼓励先进、鞭策后进，提高绩效的目的。爱护员工并不是溺爱他们，而是有必要地进行褒扬和处罚，恩威并施。赏罚的关键是：要严明、公正；"赏不可不平，罚不可不均"；不分人的贵贱，谁有功就赏谁，谁违纪，哪怕是"皇亲国戚"也要严格惩罚；"设而不犯，犯而必诛"。

那么，领导者如何做到奖罚分明呢？

建立企业标准化管理体系和绩效考核机制无疑是最好的途经。

也就是说，每份文件都要详细规定事情"该怎么做"。"谁检查"。"做好了如何奖"。"做不好如何处罚"等，真正做到有法可依、有据可查，并在此基础上建立绩效考核机制。由于制度是公开的，标准是公平的，奖罚用数据说话是公正的，所以员工积极性很高，如果你想奖励得多、处罚得少，很简单，你按照流程制度把工作业绩提高就可以了。当然，前期部分员工会有所怀疑或观望，但通过两到三个月的严格执行，员工尝到了甜头，老板看到了效益，企业充满了活力，此举无疑让企业向成功迈进了一大步！

总之，懂得奖罚分明的管理者才是一个好领导，正如兵法所言，"用赏贵信，用刑贵正。"一个良好的奖惩制度首先要选择好对象，其次要能够建立在员工相对表现基础之上的回报，简而言之，就是实际的业绩越好，奖励越高。只有制定了一个合适的奖罚分明的制度才能够对员工创造出合适的激励。所以说，一个优秀的管理者应建立好一个管理激励与约束机制员工的制度。

海潮效应：用完善的薪酬待遇吸引人

随着社会经济的快速发展，许多员工对自身的权益更加关注，对公平的企业规则也更加崇尚，表现在工作上，就是对涉及个人切身利益——薪酬待遇问题更加关注。领导者在从事企业管理的工作中，如果模糊对待这一问题，势必会引起员工对企业的不满，进而导致员工把不满发泄到自己的工作中，或消极怠工或得过且过，最终影响企业的生产效益。关于这一点，领导者可以从海潮效应中获得启示：

海潮效应海水因天体的引力而涌起，引力大则出现大潮，引力小则出现小潮，引力过弱则无潮，此乃海潮效应。人才与社会时代的关系也是这样。社会需要人才，时代呼唤人才，人才便应运而生。

现在很多知名企业都提出这样的人力资源管理理念：以待遇吸引人，以感情凝聚人，以事业激励人。实际上，"重金聘才"在远古时代已为帝王所重视。

公元前314年，燕国发生了内乱。此时，临近的齐国乘机出兵，占领了燕国的一部分领土。新继任的燕昭王是个胸怀大志的人，他立志振兴燕国，收复失地。为此，他专门向一个叫郭隗的人请教，向其讨教招贤纳士的妙计。

在谈到这一问题之前，郭隗给燕昭王讲了一个故事：

从前有一位国君很爱马，为此，他向大臣们许诺自己愿意用千金买一匹千里马。但一匹好马真的很难寻到。三年过去了，杳无音信。此时，国君手下有一名默默无闻的人，自告奋勇请求去买千里马，国君同意了。接下来，此人开始致力于买马的工作，三个月后，他打听到某处人家有一匹良马。可是，等他赶到时，马已经死了。于是，他就用500金买了马的骨头，回去献给国君。国君看用很贵的价钱买的竟是一堆马骨头，很不高兴。买马骨的人却说，我这样做，是为了让天下人都知道，大王您是真心实意地想出高价钱买马，并不是欺骗别人。果然，不到一年时间，就有人送来了3匹千里马。

郭隗讲完这个故事，转而对燕昭王说："大王要是真心想求得人才，也要像买千里马的国君那样，让天下人知道你是真心求贤。你可以先从我开始，人们看到像我这样的人都能得到重用，比我更有才能的人就会来投奔你。"

一句惊醒梦中人，燕昭王认为有理，就拜郭隗为师，还给他优厚的俸禄，并让他修筑了"黄金台"，作为招纳天下贤士的场所。消息传出去不久，乐毅、邹衍和剧辛等一大批贤士纷纷从各自的国家来到燕国。经过20多年的努力，燕国逐渐强盛起来，终于打败了齐国，夺回了被占领的土地。

用买马骨的方法来买得千里马，用修筑黄金台的方法来吸引天下的人才，所运用的都是海潮效应。人才乃强国之本。求贤纳士，选人用才，贵在诚心实意。燕昭王采纳郭隗建议，不以"才"小而不敬，敢向天下人昭示自己尊重人才、招募人才的诚心，所以四方贤士纷至沓来，燕国由此日渐强盛，给后人留下了深刻的启示。

同样，作为一个企业，必须通过调节对人才的待遇，以达到人才的合理配置，从而加大本单位对人才的吸引力，同时加大对人才的宣传力度，形成尊重知识、尊重人才的组织文化，吸引外来人才加入。

那么，作为领导者，该如何完善企业的薪酬制度呢？

1.以物质激励为主要模式。

任何一名员工，都不可能对薪酬待遇熟视无睹，毕竟物质需要是人类的第一需要，也是基本需求，因此，物质激励是激励的主要模式。

物质激励主要是改善薪酬福利分配制度使其具有激励功能。

一是用拉开档次的方法；

二是对合理化建议和技术革新者提供报酬；

三是可实行薪酬沉淀制度，留住人才；

四是完善多种分配机制。对不同类型人员，不同工作性质的单位或部门应该制定不同的薪酬方案，使之能发挥激励作用。

五是管理阶层应把握企业创新的原动力，采取国际上通行的技术入股、利润提成等措施，通过公平的分配体制，实现个人利益与企业利益的高度一致，使员工感觉到：有创造力就有回报。

2.重视非物质激励

非物质激励包括职位的迁升、权利的扩大、地位的提高，这些使他们在精神上产生满足感，同时也包括如进修、学习等提高其自身素质和生存能力的培训。如果这种需求长期得不到满足，必然会严重挫伤其工作的积极性。所以必须对员工的这种需求予以考虑，并通过适时的激励，提高其工作绩效。

公平原则：让下属对未来更有信心

人最怕没有未来，未来是一种激励，也是一种安慰。任何一个领导者，要让员工对未来有信心，就必须实现制度上的管理公正。赏罚、绩效若都能依制度而行，那么，员工的所有行为也都实现了公平考核，他们在工作时才能找到动力，做出成绩之后才会有成就感。

事实上，随着后工业社会和以此为依托的人性化管理时代的到来，实现管理公正已成为现代管理实践的一个重要目标。管理公正不仅表现为管理结果的公正，同时也表现为管理制度、管理行为公正。因此，保证管理公正的实现不仅要考虑我们所要求的公正的内容，即管理中的组织资源应如何进行公平合理的分配，还要考虑其实施的保障和前提。这就是制度管理中的公平原则。

我们先来看下面这样一个管理故事：

杰西卡是某外企人力资源部经理。最近，出现了一个令她烦恼的问题：公司来了一批新人，这些新人都是经杰西卡之手挑选的，可以说，这是一批精英，按常理，他们应该感谢杰

第9章 制度管理，有完善的纪律才有预期的效益

西卡和公司给他们这样一个机会。但事实上，令杰西卡不解的是，他们好像和面试时候的状态完全不一致，一个个都好像霜打的茄子似的，无精打采，也没有工作热情。

后来，杰西卡在茶水间听到了新人们的对话："哎，我们努力也没用，玛丽已经被内定为未来主管了。""就是，太不公平了，凭什么？难道就因为她是杰西卡的表妹……"听到这段对话，杰西卡终于明白是怎么回事了。

的确，任何一个员工，如果被一个不公平的制度约束着，都不可能对自己的未来充满信心，也不可能产生高涨的工作热情。因此，任何一个领导者，在制度管理上，都要遵循公平原则。

从管理的角度说，公正、公平的实现依赖于制度。制度是管理的保证，从某种意义来说，制度就是组织资源分配的一种总体的安排，管理公正的实现必须以组织的制度作为基础。然而，并不是所有的制度都有利于管理公正的实现，其功效和作用取决于制度的基础。换言之，制度作为手段，也有"善"有"恶"，正如雨果说："世界上先有了法律，然后有坏人。"制度是被人执行的，也是被人破坏的。只有"善"的制度在管理公正的实现中才会发挥功效。"善"的制度是那种有助于组织整体利益的增进和个体利益的普遍获得、能在各种利益的分配上以公正、公平为原则的制度。

而要做到制度公正，领导者应该注意制定管理制度的依据和过程。具体来说，领导者需要保证以下三个方面的公正：

159

1.制定管理制度的依据必须是公正的

一个组织制定管理制度的依据包括理念依据和实践依据。其理念依据一是管理公正的各项原则,包括平等、人本原则、整体利益原则以及人性化、机会均等、调剂的原则等;二是管理组织所处的法律制度环境。其实践依据是组织管理的各项活动环节的基本要求,包括具体的计划决策、组织、人事、指挥、协调、控制等各个方面。

2.管理制度的制定过程必须是公正的

管理制度的制定,首先要求主体的合法性。具体地说,根据组织的权责分配,管理制度的制定一定是具有"立法权"的机构在一定的职责范围内进行的。其次是管理制度制定过程的民主化。最后是建立起管理制度制定的科学程序,把民主参与程序和制度的方式确定下来,以组织的强制力来保证实施,以效率来促进公正。

3.管理制度的内容必须是公正的

从组织管理活动来看,管理制度包括组织的决策、组织制度、人事制度、分配制度、领导制度、监控制度等多个方面,每个方面对公正的具体要求都各有侧重。决策制度的公正主要是要求民主决策;在组织分工的过程中要求分工均衡、权责对等;在人事方面则要求用人公正、公平竞争、机会均等;在经济利益的分配上,要求按照贡献进行分配;在领导制度上要求采用民主管理,注重公平与效率;在控制制度上要求标准统一、一视同仁、奖惩分明。

第9章 制度管理，有完善的纪律才有预期的效益

作为领导者，是各级管理的主体，是保证制度管理得以公正、公平的执行者，从某种意义上甚至可以说，管理者公正的实现过程就是管理公正的实现过程。

制度是实现高效管理的保障

现在很多企业的领导者，因为管理不力，企业员工缺少凝聚力、执行力、战斗力，工作效率不高，对企业的忠诚度也比较低，就如一盘散沙。对此，很多领导者不明就理，不知道管理的哪个环节出了问题。其实，是制度管理上的缺失。

俗话说："没有规矩，不成方圆"。规矩也就是制度，是指在一个社会组织中要求其成员共同遵守并按一定程序办事的规程。一个组织推行制度的诱因在于这个组织或团体期望获得最大的潜在效益，而最直接的原因则在于提高组织的协调性和管理的有效性，协调组织内各部门之间协作效率和组织与外部衔接的有效性，规范组织内员工的行为准则。我们先来看下面一个管理故事：

刘经理是一家小公司的经理，在他手下，有几十个员工。

由于公司刚刚成立不久，公司没有基本的管理制度。刚开始，刘经理告诉所有的员工，上班时间是8：30—18：00。对此，员工也都同意了。

员工小杨是个很有时间观念的人，第二天就提前到了公

司。但令她沮丧的是，到了上班时间，门还没有开。后来同事对她说："上班时间么，9点之前到就可以了，经理不会说你什么的，特别是女孩子。不要早退，就可以了。"

后来，小杨发现，刘经理每天都是9点之后到的。

再后来，让刘经理诧异的是，公司员工好像把公司当成自己家一样，一个个都出入随便，也没有了章法。

这里，刘经理的管理出了什么问题？没有做好制度管理。任何一家企业，如果员工在做事上毫无章法，那么，一切就将陷入混乱。管理学上常讲，工作中经常出现的问题要从规律上找原因，反复出现的问题要从制度上找原因。因此，制度建设是组织正规化建设的最基础的保障。健全、完善的制度既是对组织自身利益的保护，也是对每一个员工的爱护。

那么，制度在管理中到底具有什么作用呢？

一是制度具有明确性和导向性。制度内容具体，形式统一，对于可以做什么、禁止做什么都有明确的规定，通过制度的奖励机制，就可以引导组织中员工向有利于组织需求的方向发展。

二是制度具有强制性和稳定性。制度一经制定，任何组织或个人都必须自觉遵守，不能因人因事而随意更改，不能超越其外、凌驾其上，任何违规行为都将受到应有的惩处，并长期规范指导组织及员工的行为，这样就可以将员工最初强制性的遵守制度逐步转变为员工遵守制度的习惯，最终转化为员工的自觉行为并长期贯彻执行。正如管理学中所讲，企业的竞争最初表现在技术、资金等方面,而最终的竞争是企业制度、文化的竞争。

因此,作为领导者,必须为企业建立人力资源开发与管理体系,从制度上来支持团队的形成,否则就等于在一盘散沙上建大厦。对此,领导者需要做到:

1.制定相关文件

(1)组织机构图,可以明确指挥系统,上下级关系,与其他部门的关系;

(2)岗位说明书,清楚自己的工作内容、责任和权限;

2.做好一些制度建设

(1)目标与计划管理办法:有利于清楚团队目标,团队共同对目标作出承诺,提高思考能力;

(2)沟通协调会议制度:为团队坦诚沟通建立平台;

(3)绩效管理、奖惩制度:有利于客观公正评价各部门、人员的业绩和作用,并给予精神和物质的奖惩;

(4)培训制度:可以树立团队成员正确的价值观,提高能力、技术、知识,加强合作精神,提升自我管理意识;

(5)晋升规划:每个员工看到希望,不断提升自己;

(6)授权制度:有利于提高团队工作效率;

(7)创新管理制度:加强团队认同感,提高思考能力;

(8)标准作业流程:提高工作指导性,提供团队内部合作方法。

总之,制度建设有利于保证生产和经营的安全有效。制定制度的主要目的是规范内部的生产经营和劳动管理，使组织的生产经营和各项活动规范化，提高生产效率，促进生产经营的发展。

热炉法则：制胜要有严谨的纪律

任何企业，为了约束员工的行为、让员工都能按章按纪办事，通常会制定出一套制度，任何人触犯规章制度都要受到惩处。对于这一点，热炉法则能指导领导者。这是因触摸热炉与实行训导之间有许多相似之处而得名。二者相似之处在于：

首先，当你触摸热炉时，你得到即时的反应。你在瞬间感受到灼痛，使大脑毫无疑问地在原因与结果之间形成联系。

其次，你得到了充分的警告，使你知道一旦接触热炉会发生什么。

再次，其结果具有一致性。每一次接触热炉，都会得到同样的结果——你被烫伤。

最后，其结果不针对某个具体人。无论你是谁，只要接触热炉，都会被烫伤。

显而易见，由热炉效应带来的启示，领导者在管理工作中，可以提炼出训导下属的四个核心原则。

1.尽可能迅速反应

如果事件发生与领导者处理措施之间的时间间隔太长，那么，就会减弱领导者处理措施的效果。在过失之后越迅速地进行批评指导，下属越容易认识到自己的错误，而不是将领导的批评与自己联系在一起。因此，一旦发现违规，应尽可能迅速地开展批评指导工作。

2.事先警告

作为领导者，有义务让企业的每一个成员了解到企业的规章制度并接受组织的行为准则。如果下属得到了明确的警告，哪些行为会招致惩罚，并且知道会有什么样的惩罚时，他们更有可能认为你的批评乃至惩罚是公正的。

3.行使权力的一致性

公平地对待下属，要求训导活动具有一致性。如果你以不一致的方式处理违规行为，则会丧规章制度的效力，降低下属的工作士气，下属对你的工作能力也会产生怀疑。另外，下属的不安全感也会使生产力受到影响。每个下属都知道许可行为和不许可行为之间的界线，并会以你的行为举止作为指南。同时，一致性并不是说对待每一个人完全相同，这忽略了环境因素的影响。但是，当训导活动对不同下属显得不一致时，你有责任给你的训导活动提供清晰的解释。

在中国文化中，人情重于原则，作为领导者的，你可能觉得实在难以拿经理妻"开刀"。但如果不处罚，以后员工就不会服从——员工本来就觉得这种铁面无私的规章是摆门面的，如果真的实施起来，会得罪人的。

而烫火炉是不讲情面的，谁碰它，就烫谁，一视同仁，对谁都一样，和谁都没有私交，对谁都不讲私人感情，所以它能真正做到对事不对人。当然，人毕竟不是火炉，不可能在感情上和所有人都等距离。不过，作为领导者，要做到公正，就必须根据规章制度而不是根据个人感情、个人意识和人情关系来行使手中的奖罚大权。

4.对事不对人

热炉规则的最后一项是应使惩罚不针对个人。处罚应该与特定的过错相联系，而不应与违犯者的人格特征联系在一起。也就是说，训导应该指向下属所做的行为而不是下属自身。比如，一名下属上班多次迟到，应指出这一行为如何增加了其他人的工作负担，或影响了整个部门的工作士气，而不应该责怪此人自私自利或不负责任。记住，你所处罚的是违反规章制度的行为而不是个体。一旦实施了处罚，你必须尽一切努力忘记这次事件，并像违规之前那样对待该下属。

另外，批评教育下属时应该是具体的而不是泛泛的。你应该避免这样的评论，如"你的态度太糟糕了"。这样的评论太含糊了，没有给下属提供足够的信息去纠正"糟糕的态度"。

另外，领导者在批评指导下属工作时，即使在教育前情绪再怎么不好，也应该只针对工作，而不要针对个人。批评下属"蠢"、"不够资格"等只能起反作用。这样的训导会刺伤下属的感情，以至于下属忽略了绩效的问题。你也许会忍不住责骂下属"粗鲁"、"迟钝"（也许这是事实），但这非常接近人身攻击，这是要完全避免的。

最后一点是，如果领导者批评指正下属的工作，要确保这种行为是下属可以控制的。如果下属无能为力，那么，即使你长篇大论地加以批评，也起不到什么作用。因此，训导要针对下属可以改善的行为。如果一个下属忘了上闹钟，所以迟到了，你就可以批评他；但迟到的原因若是乘坐的地铁突然停电，他在地下被困了半个小时，这时批评他是没有意义的，因为下属无法控制这类事情的发生。

参考文献

[1]赵春林，刘春涵.每天学点管理学全集[M].北京：中国华侨出版社，2011.

[2]王新.每天学点管理学全集[M].北京：石油工业出版社，2009.

[3]方向东.每天学点管理学和领导学大全集[M].北京：中国华侨出版社，2011.

[4]赵文锴.每天学点管理学[M].北京：金城出版社，2010.

[5]秋禾.每天学点管理学定律[M].北京：中国纺织出版社，2012.